潍坊教育
解密丛书
主编 田慧生

U0627155

教育服务

新形态

——教育惠民服务中心解读

教育部基础教育
课程教材发展中心 编

New Forms
of Educational
Services

教育科学出版社
·北京·

丛书编委会

编委会主任：

田慧生

编委会副主任：

刘月霞　李振村

编委（按姓氏笔画排序）：

付宜红　田慧生　朱文君　刘月霞

李振村　李　斌　张国华　陈洪杰

潍坊教育改革为什么能创造奇迹？

田慧生 | 教育部基础教育
课程教材发展中心

任何发问都是一种寻求。

——海德格尔

2009 年 10 月，教育部基础教育课程教材发展中心对潍坊市 2.4 万名学生的大样本测评显示：潍坊市中小学生的每日作业量远低于全国常模，居全国领先位次，学习压力水平更是全国最小。

2012 年 10 月，我中心再次在全国开展大样本教育质量检测，潍坊市的成绩同样优异：潍坊市中小学生在学业水平、睡眠时间、作业时间、自信心、学习动机等方面均明显优于全国常模，且多数指标较 2009 年有更好表现，继续呈现"轻负担、高质量"的发展态势。

2012 年到 2014 年，山东省教育厅、山东省统计局联合对山东各地市学生负担情况进行系统调研，综合小学九大方面、中学十大方面的测评结果，潍坊

市中小学生连续三年在山东省17个地市中课业负担最轻。

……

这些测评结果虽然是区域教育整体的一个侧面，但窥一斑而知全貌，却也实实在在地反映了潍坊教育改革的成效。

与此同时，潍坊作为国家课程改革的首批实验区，作为教育部基础教育课程教材发展中心指导的第一个实验区，我关注潍坊也有20年之久。这么多年来，许多在其他区域很难推动和落实的教育改革难点问题，潍坊都交出了令人满意的答卷。

校长职级制改革，在全国率先取消校长行政级别，摘掉了校长头上的"官帽"，构建了新型的政校关系，让校长回归按教育规律办学的专业定位，为"教育家办学"提供了制度保障。

中考制度改革，改的是中考，动的却是整个基础教育评价体系。"多次考试、等级评价、综合录取、自主招生"形成了蝴蝶效应，有效破解了学校的分数情结，大大扭转了应试教育倾向，规范办学得到保障，学生综合素质的发展受到了前所未有的重视，素质教育稳步前行。

督导改革，潍坊率先成立督导评估中心，实行督导责任区制度，引入第三方评价，构建了立体督导体系。这不仅改变了教育行政部门"既当运动员又当裁判员"的尴尬局面，更为区域教育注入了专业精神，让各方轻装上阵，将时间、精力和关注点聚焦在规范办学、为师生的发展服务上。

教育惠民服务中心成立，潍坊市教育局主动打破部门条块分割的藩篱，把自己推到公众面前，提供"一站式"服务。这和有的机关部门千方百计回避和搪塞百姓需求形成了鲜明对比！新型的公共教育管理体制在潍坊初步形成，教育行政部门从"管理"向"服务"的转型得以实现。正因此，潍坊人民对教育的满意度，连续六年位列全市各行业第一。

潍坊的教育改革敢为人先，充满创意，形成了"潍坊现象"、"潍坊奇迹"，为全国的教育改革探索做出了突出的贡献！

现象背后，隐藏着实质。

值得追问的是，十多年间，为什么一项项极具创新意义的教育改革都在潍坊发生，且能开出灿烂繁花，结出累累硕果？

第一，是潍坊党政领导的支持、重视。在潍坊，教育一直是党政领导着力打造的城市名片，被置于优先发展的地位。正因此，一份中考改革方案可以上市长办公会；正因此，相关部门能主动放权，积极推动校长职级改革和"管、办、评"分离；正因此，每年的学校督导成绩会被晒在《潍坊日报》上，和党政一把手的政绩考核与升迁直接挂钩……党政领导的支持，给了潍坊教育改革先天的底气和自信。特别值得一提的是，潍坊市教育局在局长的选用上，充分体现了他们的胆识和智慧，体现了对专业的敬畏与尊重。从李希贵到张国华，再到现任局长徐友礼，他们都是教师出身，都对教育充满了热爱，都有强烈的责任感与使命感。难能可贵的是，对于李希贵开创的改革事业，后任者不变道、不拐弯，持之以恒，久久为功，而这些对教育事业而言，恰恰是极为宝贵的！

第二，潍坊形成了教育家办学的氛围，形成了教育家群体。潍坊的教育改革形成了良性循环：改革推动了教育家办学，推动了教育家群体的形成；教育家群体的形成又进一步强化了教育家办学，推动着潍坊教育改革持续创新、保持卓越。这里有昌乐二中、诸城一中、高密一中、广文中学、龙源学校、奎聚小学等课改名校。这里走出了李希贵、潘永庆、崔秀梅、赵丰平、赵桂霞、于美霞、姜言邦、韩兴娥、吕映红、李虹霞等教育大家和全国名师。

第三，注重改革策略，全局推动，综合突破。教育改革是一项系统工程，必须突破常规思维和策略，进行系统性的考虑。在这方面，潍坊教育人动足了脑筋。摘了校长的"官帽"，还要以校长遴选制度、任职制度、薪酬制度等来保证效果；改变"分分计较"的中考格局，以综合素质考评、特长录取、校长推荐等来优化人才选拔……教育也是社会、家庭共同关注的事情，潍坊教育局在改革推进的过程中始终注意公众的教育知情权，畅通沟通渠道、透明改革过程，从而将可能反对改革的社会力量化成监督的力量、支持的力量。像中考改革这样触动千家万户利益的事情，潍坊百姓却心悦诚服，这不得不说是个奇迹。

第四，注重发挥制度的力量。"改到深处是制度"，这是潍坊教育人经常说的一句话，也是对潍坊教育改革经验的经典总结。改革意味着利益格局的调整，教育改革常常意味着教育行政部门放弃自己的权力和利益。潍坊市教育局正是通过制度建设，避免了因新的利益博弈而可能带来的改革退步，从而让新制度保障新举措，新举措成为新常态，让新常态保证潍坊教育在新的水平上高质量运行。潍坊教育改革，还注意发挥制度的合力，不仅一项教育改革内部通过制度建设来达成改革目标，不同教育改革之间，也形成了相互支持、相互配合的态势。比如校长职级制、教育督导、中考改革共同保证了素质教育能落到实处。这再一次体现了潍坊教育改革的整体、综合思维和开拓、创新精神。

长风破浪会有时，直挂云帆济沧海！潍坊的教育改革很好地体现了《国家中长期教育改革和发展规划纲要（2010—2020 年）》提出的理念和路径，为全国有志于教育改革和创新的教育行政领导、教育工作者指明了工作的思路和方向，也为区域整体推进教育改革的探索提供了典型案例，值得我们学习和借鉴。

潍坊教育的百花园里已花开朵朵，草木葱茏。希望潍坊教育改革的春风能吹遍大江南北，染绿教育的山川丛林，唤醒一个百花盛开的教育春天！

是为序。

目　录

一

行政观念嬗变　　001

1　客观说功过　*004*

2　追根问归因　*012*

3　路在何方　*017*

公共服务平台的组织结构　　019

1　惠民教育服务平台　*024*

2　校企合作服务中心　*027*

3　社会培训服务中心　*035*

4　校友资源开发中心　*042*

5　家庭教育服务中心　*049*

6　学生资助管理服务中心　*055*

7　咨询与投诉服务中心　*059*

8　师范类毕业生就业指导服务中心　*063*

9　出国留学服务中心　*067*

公共服务平台的运行机制　　071

1　热线8791010，一拨就灵　*074*

2　一站式服务　*077*

3　决策服务机制　*082*

4　惠民中心和科室联动机制　*086*

5　市县校三级联动机制　*087*

6　信息公开机制　*089*

7　保障机制　*090*

公共服务平台的蝴蝶效应　095

1　小政府实现大服务　*098*

2　小中心服务大教育　*103*

3　惠民中心创办的"五大促动"　*110*

社会参与教育公共服务　113

1　教师培训：用培训券激活优质课程　*116*

2　项目管理：聚集全社会资源破解难题　*121*

3　民办教育发展：提供师资吸纳民间投资　*128*

社会参与公共治理　131

1　学生和家长参与满意度测评　*134*

2　创新教育管理评估中心　*136*

3　成立教育督导巡视团　*138*

4　组织第三方听证会　*142*

5　成立学校理事会　*147*

6　建立家长委员会制度　*151*

7　建立记者和舆论监督制度　*157*

| 后　记　161

行政观念嬗变

1 客观说功过

2 追根问归因

3 路在何方

时任潍坊市教育局局长李希贵

潍坊地处山东半岛腹地，辖 12 个县（市）区，另有 4 个市属开发区，总人口约 924 万（2014 年数据），已被列入中央确定的山东半岛蓝色经济区。

潍坊是闻名遐迩的世界风筝之都。每年的春季，来自世界各地的风筝爱好者在这里放飞竞技。形态各异、五颜六色的风筝腾空而起，为这座秀丽的旅游城市锦上添花。

潍坊有悠久的文化渊源，人杰地灵。齐国政治家晏婴、东汉经学大师郑玄、北魏农学家贾思勰、清代浓墨宰相刘墉等，都生于斯，而惠于民。

近代以来，在这块土地上又涌现出王尽美、陈少敏、王志坚、王统照、臧克家以及诺贝尔文学奖获得者莫言、山东大学创始人王寿彭等一大批革命家、文学家、教育家。其功业名垂青史，惠及当今。

传承优秀文化，造福一方人民，潍坊市历届党委、政府把办好教育、振兴教育视为最大的民心工程，营造了全社会尊师重教的大环境。跨入新世纪，市委、市政府把教育确定为全市重点提升的三大亮点之一，着力打造人民满意的教育，把亮点擦得更亮。

主管教育的潍坊市教育局，有着强烈的事业心、责任感和使命意识，积极迎接时代的挑战，奋力改革，大胆创新，潍坊教育如同腾起的风筝，"好风凭借力"，扶摇直上，走向卓越。

卓越的作为，缘于对以人为本为核心的科学发展观的驾驭。"世易时移，变法宜矣"。与时俱进的"变法"，首先取决于观念的与时更新，正所谓"观念一变天地新"。

然而，行政观念的更新，并非"空穴来风"，是给办人民满意的教育"逼"出来的，其间经历了一个躬行探究和认识升华的过程。

1 客观说功过

"潍坊人民不会忘记、潍坊教育不会忘记当代教育家李希贵做出的卓越贡献！"当记者采访潍坊教育时，时任教育局局长张国华如是说，"他是潍坊素质教育的主要缔造者和奠基人。他的教育思想为潍坊教育留下了一笔宝贵的精神财富。"

2006年，张国华接任了李希贵的局长职务。新一届领导班子，既是与李希贵同台共舞的中坚力量，又是继承和发扬李希贵教育思想的优秀团队。

"改到深处是制度"，这是潍坊市教育局前任局长李希贵在教育改革的实践中提炼的一句金言。2000年，李希贵由高密调任潍坊市教育局局长。在任6年间，他秉持"办好人民满意的教育"宗旨，带领"一班人"奋力开拓，开创了素质教育的蓝天白云，让教育能"自由呼吸"。

2001年，潍坊创建了教育综合督导评估制度。督导制度的创新，促进了各级党委、政府教育优先发展战略地位的全面落实。"以县为主"的义务教育管理体制扎实推进，全市教育预算内投入占地方财政支出的比例连年位居全省第一。中小学教师工资待遇与公用经费纳入县（市）区财政预算，并逐年提高，有力地破解了拖欠教师工资和公用经费的"老大难"问题。

2001年，作为全国首批课程改革实验区的潍坊，启动基础教育各学段全方位的课程改革，以调整教学关系为重点，打造出"自主、互动、合作"的高效课堂模式，使课堂成为学生思维创新和焕发生命活力的舞台。同时，将课程建设作为实施素质教育的主载体，以"立志修身、体验感悟、实践探究"为主体，校校开发了满足学生自主选择和个性发展的校本课程，被教育部基础教育课程教材发展中心专家誉为"区域推

"改到深处是制度"，这是潍坊市教育局前任局长李希贵在教育改革的实践中提炼的一句金言。

近年教师录用情况

教师工资持续增长

教师配备问题得以较好解决，教师工资持续增长

进素质教育的'潍坊样本'"。

2004年，校长职级制开始"试水"。取消617所中小学校行政级别，将935名副科级以上学校干部归口市和县（市）区教育部门党委管理，推行中小学校长职级制改革。从行政型领导走向专业化管理，校长职级制力求让校长心无旁骛，集中精力办学，专心致志地发展自己的专业能力，提升教育教学的领导力，全神贯注地引领学校发展，使一批名校长脱颖而出。校长专业水平的提升带出了一批颇有盛名的特色学校，具有创新意义。

2005年，经过4年的酝酿，全市推行了"多次考试、等级表达、综合评价、诚信推荐、多元录取、社会参与"为主要内容的中考改革。中考制度改革，把学生从对分数极端追求的旋涡中解放出来，使学生的精神负担和课业负担明显减轻。改革将学生导向了注重追求"自主选择、个性发展、创新意识、实践能力"的坦途。

2010年教育部基础教育课程教材发展中心监测结果显示，潍坊市义务教育阶段学校学生学业水平、作业负担、睡眠时间、学习压力等各项指标明显优于全国"常模"水平。

2012年6月，中共中央政治局委员、国务院副总理刘延东同志在《教育体制改革简报》（总第65期）中做出重要批示："潍坊整体推进素质教育的机制措施，经多年探索实践，深受老师、学生及家长等各界的赞许，请贵仁同志考虑在征求咨询专家意见的基础上，进一步完善并扩大此经验的推广。请酌。"

潍坊市中考改革内容示意图

■ 中共潍坊市委办公室有关文件

潍坊市中考制度改革于 2004 年开始试点，2006 年在全市 12 个县（市）区全面推行。改革的主要内容是：

制度创新彰显的作用是显而易见的。

每年在市级以上教育行政、教科研、教育学会等部门举办的有关学科、艺体、作文、创作、信息、技能等各类比赛、展评、竞技活动中，潍坊参赛学生获奖的数量列全省前茅，夺冠的赛项不胜枚举。

高考升学率是课程改革的敏感话题，但好的课程改革是"不畏成绩"也"不唯成绩"的。潍坊教育改革的结果在高考上的体现正是如此。潍坊人口约占全省人口的十分之一，自课程改革的第三年起，高考一本进线人数就约占全省一本进线人数的四分之

一。这个比率一直有增无减。近两年，高中毕业班学生的升学人数比例接近 70%。

潍坊教育改革的大手笔、大举措，在全国树起了一面以制度创新深化素质教育的鲜明旗帜，赢得了潍坊人民的敬重和赞誉。自 2003 年始，山东省政府对地市教育督导评估，潍坊市年年列 18 个地市的前三名。在省委、省政府组织的地市科学发展综合考核群众满意度调查中，潍坊人民群众对教育的满意度位居各行业首位。潍坊教育声名远播，引起了高层领导的高度关注。原国务委员陈至立来了，教育部原部长周济及柳斌原副部长来了，省教育厅厅长齐涛陪同教育部副部长李卫红来了，全国许多著名的教育专家、学者来了……他们专程来视察、考察、研究潍坊教育，对潍坊教育都给予了很高的评价。

校长后备人才制度和校长公开遴选制度，真正让校长走向了专业化之路，让校长走向了"教育家办学"之路。

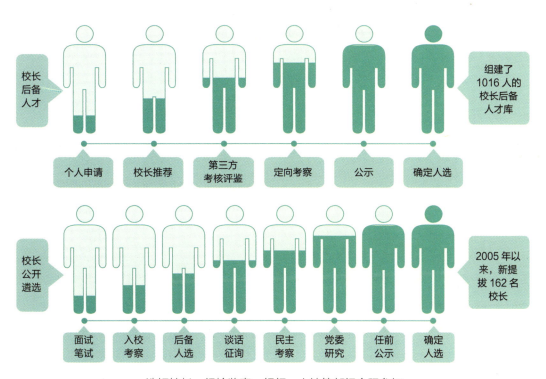

校长后备人才

组建了1016人的校长后备人才库

个人申请　校长推荐　第三方考核评鉴　定向考察　公示　确定人选

校长公开遴选

2005年以来，新提拔162名校长

面试笔试　入校考察　后备人选　谈话征询　民主考察　党委研究　任前公示　确定人选

选好校长：纪检监察、组织、人社等部门全程参加

山东省与国家赋予了潍坊许多含金量颇高的荣誉。从2001年至2008年，潍坊市政府和教育局先后20多次在全国和全省召开的教育工作会议上介绍了典型经验，获得了多项重大荣誉称号。

各级新闻媒体也看重潍坊这面教育改革的旗帜，记者纷至沓来，一篇篇典型报道不断地见诸大报、大刊和电视。

然而，潍坊教育局领导并没有因"莺歌燕舞"陶醉，没有被"五彩花环"束缚，而是自觉地置身于教育前沿，时刻保持忧患意识、问题意识，躬身自省。他们年年通过金点子案例征集与评选、专家项目评审、群众听证等多种形式广泛征求意见，不断地寻求教育的增长点和创新点。

一次"向成功开刀"的大行动实施于2008年春。市教育局调集了一批年年参与综合督导评估的老督学、老校长和供职于教育行政部门、教科研部门的有思想的工作人员，组成普通高中、职业高中（中专）、初中、小学、幼儿园五个调查小组，深入全市12个县（市）区和市直的各级各类学校对口进行教育问题调查。

教育局明确地阐述了这次调查的指导思想：以"办好人民满意的教育"为考量，让基层学校给潍坊市教育局及其管辖的潍坊教育挑毛病、找缺失、论弊端，不听"颂歌"，只听"逆曲"。

历时十天左右，五个调查组调查了不同类型的158所学校，征集了400多条意见。五个调查组各自形成了调查报告。

基层反映的问题比较广泛。有属地方政府教育行为不到位、投入不足造成的办学条件得不到尽快改善、中小学公用经费短

01 多次考试

变一次考试为学生自主选择的一次、两次或三次考试，学生以自己满意的最好成绩作为中考成绩。

年级	语文	数学	英语	物理	化学	思品	历史	地理	生物
七年级								√	√
八年级	√	√	√	√		√	√	√	√
九年级		√	√	√	√		√	√	√

主要解决了两个问题：

1. 打破了"一考定终身"带来的焦虑和压力。

2. 让学有余力的学生有了更广阔的自主发展空间。

02 等级表达

变考试成绩分数表达为等级表达，学科成绩均用A、B、C、D、E 五个等级呈现。

主要解决了三个问题：

1. 将学生从分分必争的极端追求中解放出来。
2. 总分掩盖下的学科优势得到充分彰显。
3. 保证了所有课程开齐上足、有效实施。

03 综合评价

对纸笔测试无法表达的各方面表现进行"综合素质评价"，初中评价结果与中考录取硬挂钩，并与语、数、外等值对待，为课堂课程改革提供动力保障：

1. 为学生全面发展、个性发展营造了良好环境。
2. 把立德树人贯穿到教育教学全过程。
3. 大幅提升、增强了初中学校的诚信体系建设。

04 多元录取

以潍坊广文中学为例：

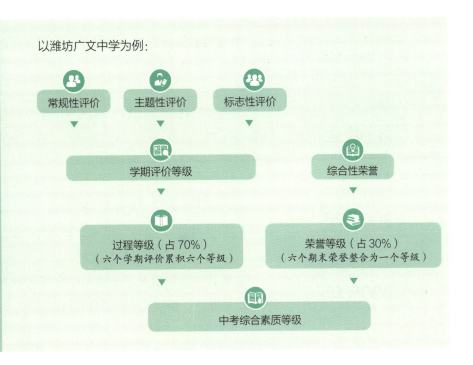

缺等问题，也有教育行政部门作风不深入、若干问题发现不了或解决不力的问题；有属制度缺失的新生问题，也有已建制度而落实不到位的"老大难"问题。

例如，已列入督导评估内容的规范办学行为，却在不少学校依然存在着违规收费、诱导学生订购教辅资料、延长学生在校时间、加班加点加重学生课业负担，以及超规模招生造成班额过大等违规现象。

再如，教育局一直把加强师德建设作为教师队伍建设的首要任务并三令五申，明确地做出"教师十戒"的规定，却依然存在着不同程度的教师体罚或变相体罚学生、有偿家教、言行不当、酒后上课、收受家长财物、训斥家长等不良行为。

还有不少影响改革进程的问题，诸如：

链接

2003 年 ▶ 第一个空前高规格、大规模的全国教育督导现场会在潍坊召开，教育部和国家教育督导团推广了潍坊的经验。潍坊市被评为全国教育督导先进市。

2005 年 ▶ 中考制度改革成功，潍坊荣获全国首届地方教育制度创新奖、优胜奖。

2006 年 ▶ 国务委员陈至立视察了潍坊中小学生科技创新实践基地，兴奋不已，欣然题词："我们快乐，我们成长，我们成功，我们杰出。"

2007 年 ▶ 潍坊市被中宣部、教育部、人事部、团中央、社科院等部门联合确定为"全国素质教育先进典型"。

2008 年 ▶ 省政府在潍坊召开了全省中小学素质教育工作会议，推广了潍坊九项素质教育典型经验。

......

想不到来自基层的意见竟这样全面又客观，中肯又深刻。

有些学校课程设置不规范，综合实践活动课程、校本课程虽被列入课表而授课"糊弄"，课程改革进展迟缓，甚至"按兵不动"；有些学校学生综合素质评价弄虚作假，应付督导评估亦存在着以无冒有、以假乱真、以劣充优等做假行为；有些地方资源配置尤其是师资配置和调配严重失衡，造成农村学校特别是薄弱学校缺乏新生力量和骨干教师的局面，影响了义务教育的均衡发展；有些地方校长的职级评定太草率，职级待遇不落实，挫伤了校长的积极性；文件多，会议多，干扰了学校自主办学。

这许多问题，要说教育局平日视而不见，委实有点冤枉。然而，当五份调查报告一并摆到办公会上的时候，确实令"一班人"震惊而激动：想不到来自基层的意见竟这样全面又客观，中肯又深刻。

同时，大家也喜出望外，"向成功开刀"，进一步办好人民满意的教育，有了着力点和落脚点。

2 | 追根问归因

"向成功开刀"究竟应从何处入手？何处是"牛鼻子"、"刀把子"？

时任教育局局长张国华带领班子成员冷静思考，寻找问题根源所在：许多屡禁不止、破解不力的问题，根源何在？是我们的教育行政部门不作为？不是。从局领导班子到各科室的负责人凝心聚力搞改革，一门心思创佳绩，干事创业，毫不倦怠；是我们夜郎自大，刚愎自用？不是。闻过则喜，见贤思齐是我们的一贯作风。

那么，到底问题出在哪里？"一班人"结合平日接触到、观察到的一些实际问题，深刻剖析找症结，刨根追底问归因。

■ 一项错误规定引发的思考

从 2003 年始，山东省的中小学教师职称评定是评聘分开的，够大杠就全部评上，但不全聘，评出的人员按分配的名额由基层教育行政自立标准另行选聘。"一番营生两番做"，给基层工作出了个大难题。

五年后，评聘分开的弊端充分显现出来，山东省教育厅决定在潍坊进行"评聘合一"的职称评定试点。试点规定：晋升高级职称的先决条件，必须是市级教学能手。潍坊市教育局便将这项规定连同制定的具体标准一并传达下去，结果引起中小学教师一片反对声。为何？在校长的眼里，市级教学能手的含金量并没有想象得那么高，而许多优秀教师一门心思花在教书育人上，无心去争评那限额的教学能手。况且，潍坊市教育科学研究院每隔两年限额评选一次教学能手，评上的人数并不能与晋升高级职称的人数画等号。这项规定就像竖起的一堵墙，把一批真正优秀的教师拦在了墙外。

教师的议论更尖刻。在教师队伍中，除了寥寥无几的市级教学能手外，绝大多数教师反对。有的说："教育局净出馊主意，这不明摆着诱导教师去争、去抢那决定命运的'教学能手'吗？让教师把心思花在这上面，难免教学要花架子……"

于是这项让广大教师既丧气又丧志的决定，两年以后便被迫废止了。

很明显，好事办砸了。教育局一干人意识到，错就错在我们的越位上，我们管了不该管的事。评职称，谁好谁差难道校长不知道吗？还用得着我们左一个条件、右一个杠杠地去"为民做主"吗？

由这件事，当时教育局分管人事的副书记徐友礼联想到另一件关于教师核编的事。新世纪初，教育部制定了中小学教师的核编标准，标准规定的小学学生与教师比例是：城区31：1，农村33：1。初中和高中也是城区编制宽，农村编制紧。这个编制标准严重脱离了农村教育的实际。农村学校分散，强调就近入学，不少小学的班额不足20人。而城区学校的班额均在标准足额以上。如讲实际，就应当让农村的教师编制高于城市。毫无疑问，这个编制标准是不公正的。有人评论："这不是重视农村教育，而是鄙薄农村教育。"

不公归不公，但从省到市、县都得逐级执行。潍坊教育局毫不例外地按这个标准对教师进行了核编。

单从核编的结果看，每个县（市）区都有富余的教师。如果严格执行这个标准，在三五年内一个新教师也进不来，整个潍坊教育也就"砸了锅"。这是因为农村教育有一个无法回避的事实：据1983年统计，农村小学的民办教师约占小学教师总数的80%。这些民办教师绝大多数是"文革"期间进入教师队伍的，后来分期分批地转正了。谁都清楚，这批曾是农村小学教师队伍主体的民转公教师不仅没受过专业教育，而且已经老化，其专业素质是大打折扣的。但是，照样得核入编制。

为了更新教师队伍，潍坊万般无奈，只好"曲线救国"。从2003年起，连续三年让从事义务教育年满50岁的女教师和年满53岁的男教师退居"后舍"，在职而不顶编，让一批新教师填补了编制的空缺。

这两件性质大致相同的事让徐友礼副书记感受颇深：长期以来，传统的行政部门工作，往往只对上负责，习惯于根据上级的要求上传下达，封闭运作，常常背离基层的实际和群众的愿望与需求。而背离基层实际和群众需求的决策也往往是不适用，甚至是错误的，错就错在偏离群众的方向上。

■ 一次让局长很尴尬的咨询

2006年，就在张国华局长上任不久的一天，一位远房亲戚专程到局里来找他咨询："孩子快要参加GRE考试了，他的英语水平欠佳，我想让他在考前加强一下英语，你看到哪里学英语最好？"

这一下把局长问得张口结舌，他回答不上来。于是他把电话打到成教科、基教科、教科院……问了一圈，竟没有人给予确切的答案。当着亲戚的面，张国华局长感到非常尴尬。

这件事让张局长好一番自责。他想：一个教育主管部门，从局长到科室，竟不能回答百姓有关教育的如此简单的咨询，实在太官僚、太悲哀、太令人失望了。

其实，亲戚咨询未果的事并不是唯一的。有不少类似的教育主管部门应该知道而"不甚了解"、"不太清楚"的事时有发生。

造成这种"常在深山不知途"的原因何

> 如果立场转变了，我们教育行政人员的视角也就向下了，深入基层、了解群众的时间也就有了。

在？张局长借这件事，和局里各部门一起坐下来探讨：客观而论，教育局人少事多，各守各的摊，各忙各的事，主要时间被上传下达、迎来送往、落实常规工作占用了，很少有闲暇深入基层、深入群众特意去了解群众的诉求，更不待说去储备应对群众的诉求了。

以主观而论，教育行政的视角也往往是多在上而少在下，多关注内部事物而少关注基层群众的需求。故而，没有畅通人民群众对教育的需求诉求渠道，人民群众对教育的所思、所盼、所需也便不能及时进入决策视野。这不单是个工作方法问题，而且实质上是个立场问题。如果立场转变了，我们教育行政人员的视角也就向下了，深入基层、了解群众的时间也就有了。

■ 一位督学的发现暴露出典型问题

2007年春末的一天，一位督学在其负责的督导责任区内，随机访查了一所离县城30多公里的农村偏远小学。

这是所初级小学，一至四年级共108名在校生。有5位教师，其中一名兼学校负责人，平均年龄49.6岁。按编制标准超编了，但只能这样，不然，遇到一些特殊情况，有的班就得停课。

到这所学校正值下午第二节课。督学走进了四年级班的教室。这个班26名学生，正在上自由阅读课。督学仔细查了查，14名学生看课外读物，12名学生读语文课本。老师回答督学的询问："自带课外读物的就读课外书，没带的预习语文。"

问："学校没有阅览室和图书室吗？"

答："有，通常是集体借书给学生看，今天拿图书室钥匙的老师不在。"

督学又问预习语文的学生："你们为什么不带课外读物？"

回答不一："俺家里没有。""家里有书，看不懂。""忘带了。""老师说预习好课文，可以提高语文成绩。"……

督学又问全班学生："你们喜欢读课外书吗？"

"喜欢！""很喜欢！"全班同学几乎异口同声。

"为什么不到图书室借阅？"

有的看看老师，沉默不语；有的说图书室成天关着门；也有的干脆说："学校不借。"

督学走出教室，找到学校负责人，要看

看图书室和阅览室。

负责人46岁，是这所小学最"年轻"的教师。他让拿钥匙的一位女教师打开了图书室和阅览室的门。督学意识到，四年级班的班主任说了假话，拿图书室钥匙的老师并没有离开学校，料想往日的阅读课也是这样上的。

图书室与体育器械室兼用，共两间屋。屋子一头放置着小垫子、接力棒、拔河绳、跳绳、篮球、排球等十几样体育器械，看样子多日不用了，上面布满了灰尘。

另一头，放置着4个图书橱，两行排列。兼管图书的女教师说，共有1500多册书，人均接近15册。这些书一多半是1994年迎接义务教育检查验收时配备的，许多是盗版书，书中有很多错别字，可读性差，不适合学生读。后来逐步配备了一批新书，其中有些是按照潍坊市"朝阳读书计划"规定的图书目录购置的，很适合学生读。

督学用手指抹了抹书架上厚积的灰尘，问："学生都喜欢读书，你们的图书室为什么不能开放？为什么不能借给学生读？"

"开放怕少，借阅怕坏，况且没有专人负责借阅，一人包着一个班。"负责人回答得很干脆。

阅览室也是两间屋，是与微机室兼用的。靠墙边摆放着16张课桌，这就是学生的阅览桌。其实，是应付检查虚设的，从来也没有用过，阅读课都在教室里上。

中间的两排桌子上摆着8台电脑，上面都用紫红色的电脑套罩着。督学要找几个四年级学生上机操作一下看看，负责人说："别浪费时间了，学生不会，我们没教，也不会教！"

"不会可以学嘛！"督学说，"闲置着多可惜！"

负责人点了点头，却说："不是不想学，由谁来教，到哪里去学呢？"看来，他们也有难处。

这所村小是教学资源浪费的突出典型。客观地讲，这样的典型在潍坊并不多，但也绝非唯一。

一边是学生成长的需要，一边是提供给学生成长资源的浪费，造成学校内部这种供需脱节的矛盾，让教育局一班人想得更远、更广。

这种供需脱节的矛盾不单在学校存在，群众（包括教师、学生、家长及社会民众）也有很多教育需求得不到满足，而我们有很多的教育资源得不到充分利用，出现资源闲置而需求不及的现象。

譬如，许多需要进行专项培训的人找不到合适的培训机构，而培训机构却面临着生源不足的问题；许多急需用工的企业找不到招工的信息、渠道，而很多大中专毕业生却不知道哪个企业或部门有职位招收自己；社会急需的人才要依赖教育提供，而学校的专业设置存在着对接的错位；一些上进心强的学校苦于找不到专家指导，而不少颇有专长的草根专家闲置着；需要救助的学生不知道去何处寻求帮助，而希望献爱心的人士却不知道哪些孩子需要救助……

凡此种种，揭示出的问题非常明晰：由于教育资源条块分割造成的教育资源与社会需求脱节的矛盾，严重影响着"办好人民满意的教育"。要破解这个矛盾，迫切需要为供需双方搭建一个便捷的服务平台，这是教育行政部门责无旁贷的。

这些年的潍坊教育尽管是"一路走来一路歌"，然而，潍坊教育行政部门却并不满足，毅然躬身自省行政的缺失：

为什么许多"老大难"问题发现不了，解决不力？

为什么事事想为基层、为群众做主，而做不到点子上？

为什么群众的需求、诉求被淹没了？

为什么许多教育资源在闲置着、浪费着？

结论只有一个：教育行政部门在履行职能中，存在着错位、越位、不到位的问题。

3 | 路 在 何 方

破解教育行政管理的"错位、越位、不到位"的问题，是一项适应时代变革的难能可贵的大政。可以预言，这"三位"一旦破解了，潍坊教育必然会"更上一层楼"。

那么，如何破解？路在何方？

时任教育局局长张国华认为："教育部门是全社会教育资源的拥有者和调控者，有可能是行业交流工作的发动机、助推器，也有可能成为深化教育改革的绊脚石。教育上的许多热点、难点问题，虽然常常表现在学校，但往往追因到教育部门身上。落实科学发展观，办好人民满意的教育，必须首先从转变部门的职能入手，迫切需要教育主管部门在职能定位、价值追求、制度设计上，尽快实现两个转变：从主要关注教育内部需求向全面关注社会需求转变；从主要对直接管理的教育机构负责向对每位公民的教育诉求和利益负责转变。"

实现两个转变，概言之是一句话：实现教育行政职能的转变，变传统的管理型行政为公共服务型行政。这便是脚下的路，也是唯一正确的选择。

为什么必须选择这条路？时任教育局局长张国华在领导班子会上，清晰地阐述了他的分析。他从多个角度阐述了教育行政运行转轨的重要性、必然性、必要性和现实意义，让潍坊教育人深切地意识到，转轨的时机业已成熟，时不我待。

然而，要告别传统的教育行政范式，向现代服务型政府转型，需要非凡的胆识和气度，敢于破，敢于立，敢为人先。

实现教育行政职能的转变，变传统的管理型行政为公共服务型行政。这便是脚下的路，也是唯一正确的选择。

01

党的十八大提出："必须以更大的政治勇气和智慧,不失时机地深化重要领域改革。"转变政府职能,是从中央到地方,各级党委政府一再强调的大政方针。

02

潍坊早已启动的几项教育制度创新是一个不断"破"、"立",不断升华的过程。在这个过程中,以人为本的行政理念逐渐得到强化,"关注每位公民的教育利益诉求"、"教育必须对广大的服务对象负责",逐渐成为教育行政的核心价值追求。随着这个核心价值观的转变,教育行政的向度和运行逻辑也悄然发生着变化。这种变化势必将我们教育行政自身的制度创新推向改革的前沿,这也许就是规律。如果我们违背这条规律,置教育行政制度于滞后地位,我们就难以驾驭当今的教育发展,难以办好人民满意的教育。

03

长期以来,教育改革创新所取得的成果,难以尽如人意,在很大程度上,症结不在于改革的目标方向不对,而是没有解决好改革的动力机制问题。教育行政部门习惯了传统的管理模式,在改革方法上往往采取"为民做主"包办代替的方式,而忽视了真正利益相关者的参与和支持。这就导致了教育改革的有效动力不足、改革创新难以持续,改革效果也无法让广大人民群众满意。而解决好动力不足的问题,靠"大声疾呼"是无济于事的,只有靠行政职能的更新和转变,调动教育利益相关者的参与和支持,才是治本之道。

04

我国(港澳台除外)是一个单一制的国家,受此路径依赖的制约,单一、封闭的纵向等级关系构成的权利结构覆盖着整个教育运行体系,公共教育权利和资源基本上为政府部门所掌控。这一体制屏蔽了教育各相关利益主体的利益诉求和价值表达通道,越来越不适应教育发展的时代要求。这种体制的单一、封闭性在教育行政与社会、教育官员与群众之间造成的隔阂使教育职能运转、教育公共治理与服务的价值追求相去甚远。破解这一体制带来的弊端,也只有靠教育行政运行方式的改变。

公共服务平台的
组织结构

1　惠民教育服务平台
2　校企合作服务中心
3　社会培训服务中心
4　校友资源开发中心
5　家庭教育服务中心

6　学生资助管理服务中心
7　咨询与投诉服务中心
8　师范类毕业生就业指导服务中心
9　出国留学服务中心

万名学子企业行

潍坊七中"学子企业行"活动

各区县工作会议

2014年第七届鲁台职业教育交流与合作研讨会会议现场

2012 年潍坊市教育局副局长张法成为参加职场体验的职业学校先进单位颁奖

2013 年 10 月 23 日，潍坊市教育局局长张国华带领教育部门负责同志到歌尔声学股份有限公司调研学生在企业体验情况

2008 年的初春三月，正是万物复苏的季节。经过近一年的准备，山东省潍坊市教育惠民服务中心（简称惠民中心）在潍坊市政府公共服务中心正式挂牌了！

作为全国首家教育公共服务平台——教育惠民服务中心一成立，立即引起时任潍坊市委书记张新起的高度重视。他先后八次为教育惠民服务中心做重要批示，对教育惠民服务中心工作进行指导，希望惠民中心再接再厉，继续努力，要求各部门学习惠民中心的做法，出台惠民举措。

惠民服务中心也引起了媒体、专家、教育同行的高度关注。一时间，参观学习者云集。中央电视台、人民日报、中国教育报、人民教育等媒体纷纷以不同角度解读这一新鲜事物，引起社会各界广泛赞誉。

专家学者解读这一现象，认为这是教育行政部门贯彻落实党和政府提出的"扩大公共服务、完善社会管理"、"建设服务型政府"、"着力保障和改善民生"要求的重要信号；是以人为本，满足了人民群众对教育诉求的重要保障；是引领社会参与教育事业发展，简政放权，办人民满意的教育的重要举措。

中国人民大学制度与公共政策研究中心毛寿龙主任在接受专访时，认为教育惠民服务中心的成立，"在目前的环境条件下，非常适合潍坊当地经济、社会发展情况的一个创新，它也是让当地的教育资源更好地为经济、社会发展服务的一个很重要的创新。同时，它也是在机构职能以及相关项目实施机制领域的一个很重要的创新，是政府自身的创新，是一个为大局服务的创新"。

1 | 惠民教育服务平台

潍坊最繁华、最美丽的中心街道——东风街，有一座高耸的建筑，那就是阳光大厦。路南，潍坊行政审批服务中心总是人来人往，络绎不绝。潍坊市教育惠民服务中心就设在行政服务中心内。来到三楼大厅教育惠民服务中心柜台前，十几名前台工作人员正在那儿各自忙碌着。统一的制服，亲切的笑容，热情的服务，让人很难把他们与传统的机关干部联系在一起。

教育惠民服务中心实行"前店后厂"模式，建立了八个前台服务窗口和后台支撑体系。

前台工作人员服务期间，专职从事教育惠民服务中心工作，研究社情民意，做好现场接访、电话咨询、审批事项办理，通过网络平台、同群众面对面交流，积极主动地研究科室工作如何更好地为群众服务。

"你好，教育热线。"

"我的孩子没有学上了，九年义务教育就是这样吗？我们进城打工不容易，孩子上学比我们打工还要难？我们没接受过教育没有知识，只能来潍坊打工，孩子到了年龄你们潍坊的学校还不接收，难道也要让孩子走我们的老路？什么九年义务教育

啊！……"电话那端，一位家长焦急的话语连珠炮似的传过来。

"你好，教育热线。"

"你好，我是上市公司潍坊歌尔声学股份有限公司的。近期我们公司订单大增，市场份额不断扩大，急需新增员工2000人！急需教育惠民服务中心协助解决……"

每天，热线电话都这样接连不断地响着。涉及教育的五花八门的事情，都通过热线电话汇聚到了这里。例如：

黄某经人介绍进入当地一所旅游学校航空专业学习，并与学校签订协议，承诺一年内安置工作，如果不能安置退还80%费用。该生进学校两个月后，放弃继续学习，选择自动退学，并要求学校退还80%费用。在多次到学校协商没有结果的情况下，请求惠民服务中心予以帮助……

考入济南大学的张某，因父亲患肺心病、母亲患冠心病，凑不齐学费而烦恼。他抱着试试看的态度，拨打了从广播上听到的教育惠民服务中心热线电话。

……

潍坊教育惠民服务中心通过挖掘、整合现有教育资源，把全市各行各业人才需求、

引进、培养、培训，学生健康成长、困难学生资助救助，以及社会对教育的咨询、举报、投诉等事关教育公平、群众切身利益的服务项目全部集中起来，实行一个大厅办理，一站服务到位。

首先，教育惠民服务中心把机关科室中凡是与群众密切相关的业务剥离出来，整合机关8个科室、3个直属单位的教育行政资源，从科室抽调了21名高素质、懂业务的工作人员，设立了8个分中心，包括社会培训、校企合作、校友资源、家庭教育、学生资助、咨询投诉、毕业生就业、出国留学服务等八个分中心。同时，为确保服务畅通无阻，设立了14台网上咨询电脑，其中6台连接呼叫中心，配备6部热线电话同时接听、处理来自社会各界的咨询服务。只要涉及教育方面的咨询和需求，均可在教育惠民服务中心得到满意的答复和解决。

其次，教育惠民服务中心实行"前店后厂"结构模式，确保了咨询、投诉等问题的快捷解决，使业务运行流程规范、高效。

教育惠民服务中心的主要服务事项分为审批类、咨询类、投诉类、求助类。

审批类事项由相关的前台窗口人员现场办理，即到即办。

咨询类事项中，属于网络咨询的，由各分中心负责解答；现场咨询则由前台服务人员负责解答；热线电话受理的咨询事项即时对应地转接到相应的分中心，由前台服务人员负责解答。咨询类事项的现场答复率必须保证80%以上，对于现场不能答复的问题，办事员应以最短的时间获得答案，并立即回复咨询人。

投诉类事项实行首接负责制，由首接负责人进行登录，并在每天下午下班后报惠民服务中心管理办公室。对于群众的投诉事项，惠民中心必须在5到7个工作日内给予回复，并征求投诉人的意见和建议，直至投诉人满意为止。

一个小小的教育惠民服务中心，怎么来解决整个社会数量如此众多，涉及面极广、极复杂的问题？

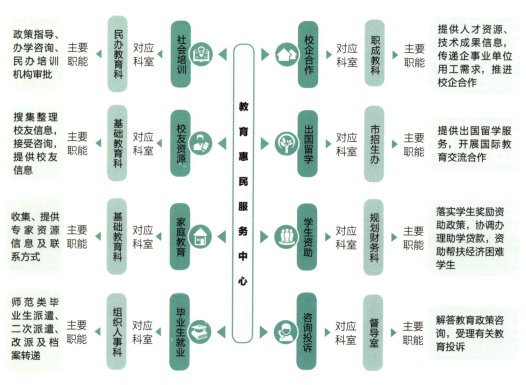

"前店后厂"结构示意图

八大服务分中心的服务职能与教育局科室有效衔接，确保服务质量。

链接

2010年7月3日	湖南省株洲市教育局阳光服务中心正式成立。
2011年5月20日	江苏省无锡市教育惠民服务中心正式成立。
2012年6月6日	江苏省苏州市教育惠民服务中心成立。
2013年9月3日	山东省泰安市教育局教育惠民服务中心成立。

……

2 | 校企合作服务中心

从2009年起，教育惠民服务中心的校企合作服务中心每年都编印《驻潍大中专院校××届毕业生信息》《潍坊市重点企业推介》，无偿地送到潍坊市重点企业和驻潍大中专院校。到目前为止，已经累计发送《驻潍大中专院校毕业生信息》5万多册，《潍坊市重点企业推介》4万多册。

■ 毕业生信息资源库帮了公司大忙

潍坊凤凰纸业有限公司随着公司业务的不断拓展，技术型人才越来越紧缺，急需的人才去哪里找？公司虽然也进行社会公开招聘，但所招人员素质、能力参差不齐，不能满足公司发展的需要。

怎么办？公司抱着试试看的态度找到了教育惠民服务中心。教育惠民服务中心的工作人员利用手中的《驻潍大中专院校××届毕业生信息》，很快联系到了潍坊职业学院。潍坊凤凰纸业有限公司来到潍坊职业学院现场招聘，机电一体化专业39

人、数控专业31人被公司录用，解了公司的燃眉之急。

这本《驻潍大中专院校毕业生信息》也让公司欣喜不已，原来自己要找的人才都在这上面，再也不用东奔西走四处撒网式招聘了。

这仅仅是校企合作服务中心的一个普通的案例。这本汇集了全市大中专院校的包括办学条件、专业设置、办学特色、服务项目等内容的基本情况介绍及本年度毕业的专业、层次、数量等信息的《驻潍大中专院校××届毕业生信息》，在为各企业招用人才、选择合作伙伴提供有效参与的同时，市教育局统筹管理全市职业教育，掌握着全市所有大中专院校包括办学条件、师资设施、专业设置、在校生等各方面的信息资源，可根据需要统筹协调大中专院校，帮助企业解决人才、技术需求问题。

也扩大了教育惠民中心和驻潍大中专院校的影响，促进了各学校招生及毕业生就业工作的进行。

■ 职能定位："分外事"变成"分内事"

当前校企合作工作存在的突出问题是校企双方供需信息不畅通。虽然各院校都很重视校企合作，也都与一批企业建立了合作关系，但一所院校的合作对象仅是一个或几个企业，更多的企业特别是中小企业人才、技术、员工培训等方面需求难以及时传递到对口院校，很多院校的人才、技术、

设施等优质资源也难为更多的企业所了解。另一个问题就是院校各自为战，校企合作力量没有得到有效整合，缺乏有效的联合与合作，单边合作，整体效益不高。

教育部门的优势恰恰就在这方面。市教育局统筹管理全市职业教育，掌握着全市所有大中专院校包括办学条件、师资设施、专业设置、在校生等各方面的信息资源，可根据需要统筹协调大中专院校，帮助企业解决人才、技术需求问题。

基于以上考虑，校企合作服务中心的服务定位在以下几个方面：

校企合作服务中心是在教育局转变职

01 建立覆盖全市的人才技术供需保障体系。将全市所有大中专院校和大部分规模以上企业纳入服务范围，建立互联、互通、互动的校企合作网络。

02 发挥校企合作信息集散中心的作用，收集、加工、发布校企合作供需信息，把院校的资源优势及时推介给企业，把企业的需求信息及时传递到有关院校，增强合作的针对性、有效性。

03 搭建合作平台，根据双方意向，通过联谊会、对接会等形式将校企双方约请到一起，进行面对面的洽谈，促成合作。

04 及时反馈信息，为领导决策做好参谋。对收集到的有关信息进行分析汇总，有价值的信息及时向领导反馈，供领导决策参考。

能、扩大公共服务的背景下诞生的，根本目的就是发挥部门优势，促进企业与大中专院校合作对接，帮助企业解决人才技术问题，直接服务经济建设。

校企合作服务中心的服务对象是学校和企业，包括潍坊市的各类中职学校，驻潍的普通高校、高职院校，潍坊市的各类企业，并推动全国各地的高等学校与企业开展"产、学、研"结合。

校企合作服务中心，是由潍坊市教育局职成科的工作人员负责。过去，除了对职业学校的学籍管理，职成科没有具体工作，多数是指导性的。所谓的"指导"，就是可

指导、可不指导，愿意听就听，不愿意听就算，人浮于事，很多工作得不到落实。

如今，通过校企合作服务中心，为企业发展服务，成为教育局的"分内事"。通过输送人才，为企业服务，就是为当地经济发展服务。教育行政部门从过去的教育专门培养人才、输送人才到现在的人才培养与企业需求、院校研发技术与企业需求的合作对接起来，加强了学校与企业联系，全面搭建起企业需求与学校供给的紧密联系，促进了经济发展的最佳人力资源软环境。

如今，通过校企合作服务中心，明确牵线搭桥、架桥铺路的工作思路，搭建起了合

潍坊歌尔声学股份有限公司送来锦旗，感谢市教育局在推动校企合作过程中做出的贡献。

作平台，扩大了信息服务，促进了校企融合。

■ 牵线搭桥沟通校企供需

校企合作服务中心在沟通学校与企业用人信息、整合多方资源、为企业服务等方面发挥了重要的作用。

第一，搭建信息平台助力招工就业。

建立信息资源数据库，将大中专院校人才技术供应信息和企业的人才技术需求信息收集起来，随时查询，及时提供，是为校企双方提供高质量信息服务的基础。教育惠民服务中心相继建立了潍坊市大中专院校在校生信息资源数据库和全市部分规模以上企业人才需求信息数据库。

大中专毕业生信息库。校企合作服务中心成立后，为准确、及时地为企事业用人单位提供驻潍大中专院校人才培养信息，建立了大中专院校在校生信息资源数据库，将潍坊 3 所本科院校、10 所高职院校、3 所技师学院、43 所中职学校全部在校生信息的专业分布、毕业时间等信息收集起来，建立了 51 个本科专业的 27147 名在校生信息、124 个高职（专科）专业的 84722 名在校生信息、79 个中职专业的 94924 名在校生信息、66 个技工专业的 29620 名在校生信息资源数据库，并根据学生变动情况，动态管理，随时更新。

规模以上企业信息库。经过多方努力，对全市 2099 家规模以上企业进行走访调查，建立起规模以上企业信息库，包括企业名称、地址、联系人、联系方式和企业基本情况介绍等。

人才需求信息库。通过走访企业，争取多部门支持等方式，征集企业用人需求信息，建立了企业人才需求信息库，并对企业免费发放《驻潍大中专院校 ×× 届毕业生信息》。

建设校企合作服务中心网站，方便企业和社会各界查询信息。及时在网上发布大中专院校的人才供应信息，大中专院校基本情况、办学条件、专业设置信息及企业的招聘信息，接受单位、个人的信息查询服务。

校企合作服务中心

↓

通过校企联动责任区联络搜集或校、企提报

↓

采集校、企信息

↓

审核校、企提报的信息

↓

建立校、企信息资源数据库

↓

发布校、企资源信息

↓

七个工作日内联系校、企双方洽谈

↓

整理、汇总、归档

↑

需调查研究后处理的问题，
七个工作日内回复处理结果

↑

登记造档，当场答复

现场咨询　电话咨询　网络咨询

校企合作服务中心工作流程

第二，联动机制有效整合多方资源。

校企合作工作千头万绪，涉及方方面面，工作繁杂，单靠服务中心几个人肯定干不好，也干不了。从机制、体制入手，发挥教育部门优势，整合各方面的资源力量，是做好这项工作的前提。

01

建立联动工作机制，与全市大中专院校实现工作联动。与全市职业院校建立正常工作联系，形成工作联动是做好校企合作工作的第一步。为此，校企合作服务中心在全市职业院校建立了工作联动机制，各县市区教育局和职业院校都确定一名领导同志分管校企合作工作，一名工作人员作为联络员与校企合作服务中心保持经常性联系，确保沟通及时，联动有力。通过联动机制，校企合作服务中心与全市所有大中专院校形成了工作联动，各院校的人才技术供应信息可及时汇集到服务中心，各企业人才技术需求都能迅速传达到有关院校，及时得到反馈回应。

02

建立校企联动责任区制度，打通校企联络渠道。将全市划分为 10 个校企联动责任区，每个责任区由一名市教育局的同志担任市级联络员，一名县教育局的同志担任县级联络员，然后根据企业数量、地域分布等情况从教育行政部门、各级各类学校聘请一批沟通能力强、熟悉教育政策的同志担任联络员，分别负责联系一批企业，具体负责征集企业人才、技术需求甚至整个教育需求，传递院校供应信息。全市共聘请校企联络员 425 人。为使联络员更好地开展工作，制定了联络员工作细则和考核评价制度，编印了联络员工作手册，并对全体联络员进行了培训。400 多名校企联络员都与所联系的企业建立了联系，成功走访企业 1600 多家，收集了 900 多家企业 32000 多人的用人信息。

03 建立校企合作例会制度，加大校企合作统筹协调力度。为克服全市大中专院校校企合作工作缺乏有效合作、单边合作、整体效益不高的问题，建立了校企合作例会制度，每月召开一次由院校、县（市）区教育局校企合作负责人参加的校企合作例会，通报情况，交流经验，查找问题，推进工作，形成工作协调机制。例会制度的建立和实施，有效地促进了院校之间的合作与交流，形成了合力，提高了效益，也增强了校企合作服务中心与县（市）区、大中专院校的工作互动。

链接

卢元福，临朐县第三职业高中校企联络员，负责联系山东红叶地毯集团公司、山东龙盛农牧有限公司潍坊分公司、临朐齐力催化剂有限公司三家企业。担任校企联络员后，他每周至少进入企业一次，积极宣传校企合作的意义，了解企业运行动态，向企业提供一些人才技术信息，为企业排忧解难。

迄今为止，学校分别与山东红叶地毯集团公司签订了每年 60 人、与山东龙盛农牧有限公司潍坊分公司签订了每年 20 人、与临朐齐力催化剂有限公司签订了每年 15 人的定向委培协议，并派出计算机、机电、牧医等专业教师 10 人次，培训红叶地毯集团公司 350 人次、山东龙盛农牧有限公司潍坊分公司 170 人次、临朐齐力催化剂有限公司 85 人次。三家企业也成为学校重要的实习就业基地，每年接收部分相关专业学生就业或顶岗实习，分别对口成为学校计算机专业、牧医专业、机电专业学生的生产实习基地。

在卢元福的协调下，校企双方还建立了相互挂职制度，定期互访，相互学习交流，为建立协调发展合作关系提供了保证。

第三，服务企业，校企共赢显活力。

01 服务企业

校企合作服务中心与包括一批国家"211工程"院校在内的全国200多所高校建立了密切联系，并与78所院校签订了开展人才、技术、实习实训合作协议，以此帮助企业借用高校人才智力和科技成果优势提升产品研发能力。同时，利用潍坊市内外大中专院校的专业设置多和师资力量雄厚等优势，帮助企业提升员工队伍素质。根据企业发展需求开展员工系列培训，包括一般新进员工岗前培训、在职职工提高培训、管理人员专业培训、高层管理人员提高培训等。

02 服务学校

校企合作服务中心通过中心的网络平台和电话咨询等渠道，向企业推介市内各高校、中职学校的毕业生就业；在全国高校相对集中的城市进行定期推介，重点召开潍坊籍毕业生座谈会，宣传潍坊的人才优惠政策，吸引毕业生回家乡创业，来潍坊实习、实践和交流。

校企合作服务中心作为联系企业和学校的桥梁，一头连着成千上万的企业需求，一头连着数百所学校的人才供给，企业与学校的供求情况在这里实现交流与对接，突破单个学校在收集、整理企业的人才、技术和成果需求信息等方面的局限性。通过校企合作服务中心对企业的相关需求进行收集整理，帮助学校全面准确地把握市场对人才的需求状况，提高人才培养的针对性、实效性，降低人才培养成本，促进大中专毕业生充分就业；同时可以使企业和用人单位免于奔波之苦，降低人才引进成本。有了校企合作服务中心，企业招用人才可不必东奔西跑而享受一站服务，企业一站"购齐"。

3 | 社会培训服务中心

■ "有了你们，俺再不犯愁了"

女儿爱上了乐器，想上一家比较正规的培训机构学习。王先生犯了难，培训机构多如牛毛，怎样才能选一所好学校呢？王先生着实费了心。朋友介绍了很多，他也进行过实地考察，还是拿不定主意。后来，他想到了教育惠民服务中心。在教育惠民服务中心社会培训服务分中心，工作人员热情地接待了他。

通过信息资源库，工作人员为王先生推荐了几处信誉、质量比较好的学校，王先生感叹道："有了你们，俺再不犯愁了。"王先生满意而归。

涵盖全市所有 549 所各级各类社会培训机构以及 65 个专业的便于查询的信息资源库，让群众不再为鉴别培训机构真假而苦恼。不论是小学、初中、高中的文化学习，还是学历学习、技能培训等，都能在这里查到相关信息。

……

社会培训服务中心不仅为培训机构提供优质的服务，而且为学习者提供了强有力的保障。

■ 职能定位：热点问题巧解决

随着《中华人民共和国民办教育促进法》的实施，民办教育发展迅速，民办培训机构犹如雨后春笋般蓬勃发展。这得益于民办教育发展优惠政策的落实和投资教育的良好发展环境。

然而，由于发展过快，也出现了一些不尽如人意的地方。一是受利益的驱使，非法培训机构不断出现。这些机构未经审批，办学条件差，师资配备不符合要求，教学质量无法保证。二是有的培训机构的招生广告未经审核备案就到处散发，因虚假、夸大宣传引发的纠纷事件经常发生，严重侵害了消费者的合法权益。三是培训机构数量多且分散，非法办学查处难度大。这些问题严重影响了社会培训机构的健康发展和民众的切身利益，成了社会关注的热点和难点问题。

为此，惠民服务中心成立了社会培训服务中心，服务与监管并重，为群众提供优质的培训学习环境，引领社会培训机构健康发展。社会培训服务中心为社会办学审批提供快速、便捷的服务，包括办学的法律和政策咨询，申办材料的指导，办学的审批，办学信息的采集、发布、查询，招生广告的备案、管理等。

怎样更好地服务于办学机构，又维护好学习者的合法权益，是社会培训服务中心面临的问题。社会培训服务中心着手做了以下四件事。

第一，整合队伍。

通过合署办公的方式，中心市区管理民办教育的人员统一对市区培训机构进行管理，建立了市区审批管理、投诉查处、信息服务三位一体的服务平台。此外，制定《潍坊市民办教育培训机构设置与管理暂行办法》对民办教育培训机构设置的基本条件、材料上报、审批管理等问题，统一审评标准，规范办学管理行为。（详见37页流程图）

第二，净化培训市场。

为规范招生宣传，维护合法规范社会培训机构权益，中心与市工商局联合下发《关于进一步规范各类招生广告管理的通知》，并聘请12名合法规范的培训机构校长为中心协查员，调动他们的积极性，对非法办学进行查处。共查处非法办学机构13所，取消不合格培训机构220所。

第三，成立培训联盟。

为促进教育培训行业健康发展，创新服务模式，潍坊市奎文区根据培训机构情况，划分了南部、北部、中部、西部4个区域，将培训机构分为4个教育培训联盟。联盟制定了《朝阳联盟管理办法》，选举产生了联盟主任、副主任。联盟加强区域内交流合作，诚信办学，旨在加强民办教育培训机构办学的过程监管，探索协会领导下的联盟管理制度，对于倡导行业自律、维护机构利益、提升区域内民办培训机构的办学水平，具有重要意义。

第四，设置"明白纸"。

中心每天都要接待多人次办学咨询、材

流程　　　　　　　　　办理过程　　　　　　　办理地点

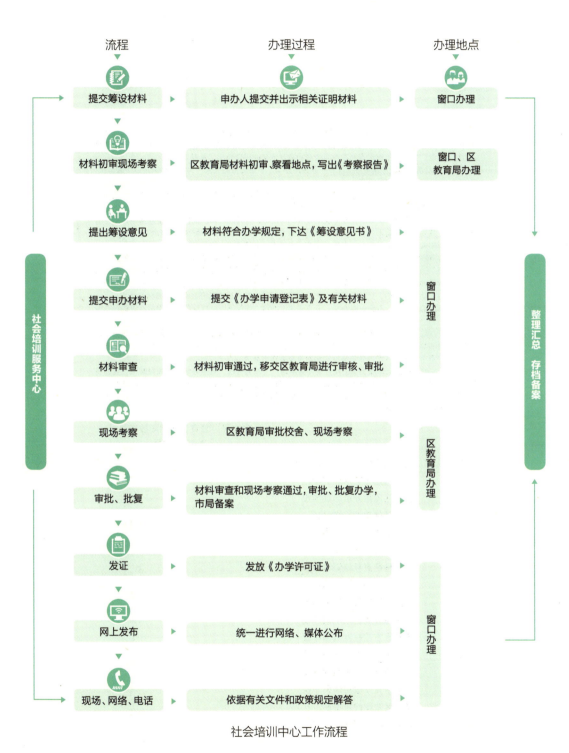

流程	办理过程	办理地点
提交筹设材料	申办人提交并出示相关证明材料	窗口办理
材料初审现场考察	区教育局材料初审，察看地点，写出《考察报告》	窗口、区教育局办理
提出筹设意见	材料符合办学规定，下达《筹设意见书》	窗口办理
提交申办材料	提交《办学申请登记表》及有关材料	
材料审查	材料初审通过，移交区教育局进行审核、审批	
现场考察	区教育局审批校舍、现场考察	区教育局办理
审批、批复	材料审查和现场考察通过，审批、批复办学，市局备案	
发证	发放《办学许可证》	
网上发布	统一进行网络、媒体公布	窗口办理
现场、网络、电话	依据有关文件和政策规定解答	

社会培训服务中心

整理汇总　存档备案

社会培训中心工作流程

奎文民办教育协会朝阳教育联盟
诚信办学公约

　　近年来,在教育主管部门的严格管理和政策扶持下,我区民办教育事业快速发展,各级民办教育机构以提高办学质量为目标,认真履行办学义务,主动接受社会监督,自觉开展诚信办学,树立了较好的社会形象,为我区基础教育和在校学生素质教育水平的提高作出了贡献。

　　但是,目前我区的培训市场仍存在一些违规办学、不讲诚信的现象,为此,特制定以下联盟诚信公约,我们联盟成员单位承诺:

　　一、遵守宪法、法律、法规和国家政策,接受各级教育行政部门的监督和管理,信守社会道德风尚,加强诚信自律建设。

　　二、不做虚假宣传,所有对外宣传确保标明机构全称、许可证号码,宣传内容坚持实事求是,客观、准确,并事先报主管部门备案。要真实地向社会介绍学校规模、办学条件、师资水平、课程设置、收费标准等相关内容,不做夸大、误导。所有办学承诺,必须兑现,做到"言必信,行必果"。

　　三、加强教学管理,确保不断提高教学质量,坚持以服务为先的办学理念。我们所从事的民办教育事业同属于造福社会的公益事业,联盟单位要坚持教学至上原则,重诺守信,秉持以学员的学业高于一切,学员的能力高于一切,学员的未来高于一切的办学宗旨,以高品质的教学、高水平的服务,让学员满意,让家长放心,让社会认可,充分体现我们民办教育机构高度社会责任感和使命感。

　　四、规范招生行为,不超范围办学,不违规合作办学,确保不以物质奖励等手段做诱饵进行有偿招生。

　　五、民办教育机构之间要提倡交流沟通、取长补短,坚决反对恶性竞争,反对用不正当手段,损害他人信誉和利益,我们的宗旨是高尚的,我们的目标是一致的,因此,我们将同心协力,做到合法招生,公平竞争,为我区民办教育事业和谐健康发展作出努力。

　　我们奎文教育联盟全体成员单位向社会郑重承诺:"诚实守信,规范办学,从我做起"!我们将携手同心,树立行业榜样,提升行业形象!我们倡议每个办学单位,从现在做起,每位从业人员,从自我做起,把诚信作为我们行为的准则,成为诚信的倡导者、宣传者、实践者和捍卫者。为推动我市教育水平的提高作出贡献。

奎文民办教育协会朝阳教育联盟

2010年12月

学校名称: 奎文区新概念外语培训学校

　　　　　潍坊市北方艺术培训学校

　　　　　奎文区海德外语培训学校

　　　　　潍坊哈佛美语培训学校

　　　　　奎文超越英语培训中心

　　　　　奎文区英华培训中心

　　　　　潍坊世纪高教培训学校

　　　　　奎文朗文外语培训学校

　　　　　奎文区晓雯音乐培训学校

　　　　　潍坊有成斋艺术培训学校

　　　　　奎文区方圆教育培训学校

　　　　　奎文区星蕾舞蹈培训学校

　　　　　潍坊3V国际语言培训中心

　　　　　奎文区育成教育培训学校

　　　　　奎文区法律教育中心

　　　　　奎文区红太阳培训学校

诚信办学公约

料申报和审核等工作。为方便前来办理业务的人员，中心工作人员根据《潍坊市民办教育培训机构设置与管理暂行规定》等规定要求设置了一张"明白纸"，将办学场所、师资条件和办学资金等内容一一列出，把需要的申报材料设计成一幅简单明确的图，让办学者一目了然，既方便对方记录，又提高了工作效率。为保证网上答复的准确性和完整性，中心确定专人负责网上咨询，提供准确及时的答复。对于超出本中心业务受理范围和不熟悉的问题，中心首先向相关单位（科室）咨询，尽可能提供确切答复，实现网上一站式服务。

第五，建立信息库。

如今打开潍坊教育信息港，查到民办教育机构的名称，真假培训一点就知。中心建立信息库，为广大市民的学习培训提供全方位的服务。只要社会各类从业人员及中小学生有参加学习培训提高的需求，都可以在社会培训服务中心查阅到合法的相关培训机构信息和学习内容信息，都能及时得到指导并落实到相应的培训机构，既可以上网查询，也可以电话咨询，不用担心上当受骗。

第六，进行宣传推介。

为扶持正规合法培训学校和实现优质教育资源共享，宣传推介优质教育资源，引导培训机构提高办学层次，中心推出"优质社会培训教育资源推介专栏"，联合潍坊日报社，在潍坊晚报和潍坊日报上开设《潍坊市教育惠民中心专栏》，专门向社会推介了

10所名优办学单位（包括全日制民办学校和社会培训机构）。这不但实现了教育惠民服务中心和社会办学单位的共赢，还为全市的民办学校指出了发展目标。

随着教育惠民服务中心社会影响不断增大，慕名而来要求帮助协调的事情越来越多。帮助协调处理纠纷、追回欠款，协助学校解决问题，成为中心的分内事。

例如，青岛某船舶管理有限公司委托潍坊某培训学校代培15名学生。因学生转学到其他学校，关于退学费问题，学校与该公司一直达不成一致意见，并产生了很大的矛盾，甚至聘请律师走法律程序。接到投诉后，中心及时与双方进行协商，最大限度地进行调解。在做好前期工作的基础上，将公司经理（及律师）、学校校长集中到培训中心，面对面调解、劝导，最终当场达成协议，该培训学校一次性退给该公司25300元，并当场兑现。像这样帮助协调解决问题的事情不胜枚举。中心通过扎实的工作和热情的服务，赢得了社会的高度认可，并多次被媒体报道，受到上级领导和社会各界的一致好评。

在工作中，中心主动为学校着想，将服务落实到管理的各个方面，实现从管理到服务的转变，将服务落实到管理的各个环节。

根据举报，中心查出一家非法办学机构。检查中，中心发现这家培训机构没有任何办学手续，属于非法办学，应取消。再进一步调查发现这是一个年轻人办的美

通过管理方式的转变，市区非法办学单位越来越少，优质资源越来越多。

术培训班。这位王老师到中央美术学院进修过两年，专业水平、教学水平都不错，这里的孩子都愿意跟他学习，他的辅导班也有一定规模。可是，在校舍、教师配备、注册资金等方面又没有能力达到设置要求。经过认真研究，中心与就近的一所规模较大的培训学校联系，经过协商，把这个培训班收编为该校的美术培训部，这样既壮大了该培训机构，又保护了这个优质培训资源。现在王老师不但把这个美术培训部带得红红火火，还给该校的老年公益大学的学生上课，受到学员们的高度评价。通过管理方式的转变，市区非法办学单位越来越少，优质资源越来越多。

■ 六项举措完善社会培训管理

随着社会培训机构不断增多，管理难度不断加大，如何破解服务与管理的有效连接，社会培训服务中心采取了六项举措。

第一，及时制定《潍坊市民办教育培训机构设置与管理暂行规定》。

根据培训机构管理工作实际，在2008年《潍坊市民办教育培训机构设置暂行规定》的基础上增加了安全及管理方面的内容，把民办教育培训机构的安全工作纳入各级教育行政部门全局工作之中，严格落实安全保障措施，有效杜绝安全隐患；建立健全教育教学管理机制，定期开展教学督导与检查，提出合理化建议，促进民办教育培训机构健康发展。

第二，引导培训机构开展市民教育，向社会提供公益服务。

下发《关于充分利用教育培训资源开展市民教育的通知》(潍教办字〔2011〕57号)，引导民办教育培训机构转变发展理念，由单纯进行教育培训转向服务和回馈社会，举办健康知识、文明礼仪、法律知识、家政服务、文体活动、书法绘画、网络技术等教育培训。初步统计，仅2011年，就有37家培训机构开展公益性市民教育培训，参与人数达5000人次。

第三，将民办教育培训机构纳入督学责任区管理。

市教育局将民办教育培训机构办学情况纳入市县两级督学责任区常规管理，对民办教育培训机构的督查，包括《民办学校办学许可证》等证照是否齐全、安全保障措施是否完善、是否有在职教师从事有偿家教、是否公示了市县两级责任区督学及投诉电话、招生广告(简章)是否备案以及收费公示及退费情况等。

第四，加强民办教育培训机构的安全管理。

下发《关于进一步加强民办教育培训机构安全工作的通知》，参照公办学校安全管理规定，对民办教育培训机构安全措施提出明确要求，民办教育培训机构出现安全问题要立即停业整顿，出现责任事故要立即关停，取消其办学资格。

第五，统一民办教育培训机构标识。

下发《关于全市民办教育培训机构统一标识的通知》，要求制作民办教育培训机构统一标志标牌。标识由标志、文字、颜色等元素构成。标识中的标志为潍坊民办教育培训机构的统一标志。统一标识便于对民办教育培训机构进行部门管理和社会监督。

第六，实行民办教育培训机构教师持证上岗。

民办教育培训机构教师上岗须持的证件名称为《潍坊市民办教育培训机构教师工作证》，并要随身佩戴；对违规办学的培训机构和违反教师职业道德的教师要收回工作证，这有利于维护学员利益，杜绝在职教师有偿家教，规范民办教育培训机构办学行为。

4 | 校友资源开发中心

■ 潍坊万名学子暑期企业行

中央民族大学大二学生王聪，毕业于潍坊一中。今年暑假对他来说收获颇丰：潍坊一中组织学生参加"万名学子企业行"活动使他有机会走进家乡企业，他不仅了解了家乡的发展，还对未来的职业生涯有了明确的规划。

王聪只是利用暑期走入家乡企业实践的近万名潍坊学子中的一员。潍坊市自2008年7月25日拉开了"万名学子企业行"的序幕，全市58所高中学校分别组织潍坊籍大学生参加了走进家乡企业、了解家乡变化、为家乡发展建言献策的社会实践活动。

"万名学子企业行"活动是在潍坊市委、市政府统一部署下，潍坊市教育局组织开展的，组织大学生近万名，前后历时近2个月。全市所有高中全部参加了该活动。"政府有义务、有责任、有办法去做好大学生的培养、吸引工作，通过暑期社会实践这样的形式，搭建起学子与家乡交流的平台。""万名学子企业行"活动是一项"民心工程"，今后将不断完善，争取做成潍坊的公益活动品牌。截至2014年8月，潍坊市参与该活动的大学生已达数万人，参观企业数百家。

万名学子企业行

安丘一中组织"学子企业行"活动

安丘一中"学子企业行"活动

　　2009 年暑假期间，安丘一中积极开展"万名学子企业行"活动，组织该校部分升入大学的在校大学生深入走进潍坊凯动动力机械有限公司、山东雷鸣重工股份有限公司、山东深蓝环保有限科技公司等企业车间，参观了解企业的生产、经营状况，感受企业的文化魅力。在活动过程中，大学生们近距离参观生产流水线，认真听取企业人员的讲解，并饶有兴趣地和工人师傅进行面对面沟通，接受工人师傅的手把手指导，亲身感受到了现代企业的科技发展及家乡的美好变化。

　　近年来，安丘一中努力践行"为了学生持续和雅发展，为了学生健康快乐成长"的学校使命，积极利用暑假、寒假开展各种社会实践活动。通过此项活动，学校在大学生和企业之间架起了联系桥梁；同时，活动不仅开阔了学生的眼界，提高了社会实践能力，而且增强了他们热爱母校、热爱家乡的情感，激发了他们回乡创业、建设家乡的热情。

链接

潍坊四中开展暑期"学子企业行"活动

潍坊四中开展暑期"学子企业行"活动，组织毕业于潍坊四中、现就读于全国各地高校的大学生参与了解家乡、考察家乡变化的社会实践活动中，让他们了解坊子区的企业，认识家乡的历史与文化。据了解，参加此次活动的大学生有600多名，他们先后参观了山东共达电声股份有限公司、山东测绘地理信息产业园等企业。活动结束后，大学生还要结合自己的专业特长，写出考察报告，对家乡发展提出建设性的意见和建议。

"学子企业行"活动，激发了大学生热爱家乡、报效家乡、建设家乡的责任感和使命感，对指导大学生合理择业、解决大学生就业问题起到了积极的引领作用。

潍坊四中"学子企业行"活动

潍坊七中"学子企业行"活动

潍坊七中200名大学生参加暑期"学子企业行"活动

2009年7月29日上午，潍坊七中组织毕业于该校的在读大学生200余人到潍柴工业园开展了"学子企业行"活动。在现场，参加活动的学生们手中的笔不停地记录，相机不停地拍照，有的在做现场调查，有的进行座谈采访，学生们把活动现场当成了课堂。

目前就读于清华大学的学生柴立宝兴奋地说，母校组织这样的活动，使他全面地了解了家乡的发展变化情况，还能够与很久没见的朋友见面、相聚，同时他对今后的人生规划有了更明确的目标，这真是一件一举多得的好事。

潍坊七中有关负责人表示，"学子企业行"活动是扩大教育服务功能，增强大学生的社会实践能力的一项重要举措。活动的成功举行能更好地吸引潍坊籍在校大学生毕业后返乡工作，加快实施人才强市战略。

■ 职能定位：校友也是资源

潍坊市连续十几年高考录取率名列全省第一，是著名的高校生源输送大市。普通高中校友遍布国内外，在外工作的校友就达近十万人，而且他们中的许多人已经成为各行各业的领导和精英骨干。

如何有效利用校友资源，为潍坊经济建设添砖加瓦，是成立校友资源开发服务中心的初衷。一方面，高中学校每年的优秀毕业生分布在大江南北、国内海外，各校的校友会组织掌握着得天独厚资源；另一方面，家乡经济建设也需要校友的支持，而校友资源开发服务中心正是为这二者找到了结合点。

校友资源开发服务中心的职能在于，为党政领导、职能部门和企事业单位提供高端人才资源服务。这具体包括：搜集整理校友信息，建立校友信息库并编纂《潍坊市普通高中知名校友／博士（后）人名录》，定期向市委、市政府、有关职能部门和企业报送校友信息；接收市委、市政府、有关职能部门和企业的咨询要求，撰写《普通高中校友信息需求通知单》，按要求提供相关校友信息。

■ 越洋电话连着你我他

前来潍坊教育惠民服务中心视察的领导不少，其中一名领导见到有校友资源开发服务中心，甚感诧异。于是，他想起了旅居国外的一位同学。当他说出这位潍坊籍校友的名字时，工作人员输入电脑进行查找，该校友的姓名、单位、职务、电话号，一应俱全……

依托校友资源开发服务中心，成立了市教育局、县（市）区教育局、普通高中三级校友工作网络。各普通高中成立了校友联谊处，有专门的工作人员、办公场所和办公

链接

　　在"万名学子企业行"项目启动的三年内，就有 42089 名大学生参观考察、联系各类企业 360 次，上报参评优秀调查报告（含"金点子"）773 篇，很多建议被企业采用。而教育主管部门不忘做好"学子企业行"活动的"下半场"工作，组织专家评出每年的"金点子"和心得体会、调查报告 100 篇，并及时反馈给各对口企业，真正发挥校友的智力资源优势。

设施。全市各普通高中还建立了校友联谊网站，发布校友联谊信息，促进校友与学校、校友与校友之间的联系沟通。

　　中心开发的潍坊市普通高中校友信息网站，已经实现了与全市各普通高中学校校友网站的链接。

　　目前，校友资源开发服务中心深度利用校友资源，推出了一系列的举措。

　　这些举措真正对校友资源进行了深度开发，不仅为潍坊的经济建设注入活力，更重要的是还发挥出很好的社会效益和教育效益。同时，校友们和家乡的联系加强了，也增加了对家乡的亲切感、认同感。如今，只要全市各行各业对外地校友有需求，均可通过校友资源开发服务中心得到及时的联络和服务。

■ 工作流程示意图

　　经过多年的实际运行，校友资源开发服务中心已经形成了规范的工作流程，保障了各项相关工作能有序、高效地展开。

01 编印了《潍坊市普通高中知名校友／博士（后）人名录》和《潍坊市普通高中校友在外博士（后）分专业人名录》。此外，还建立了包含12万余人的在校大学生分专业信息库。通过向各级党政部门、高等院校、大型企业主要负责人推介，发挥校友的能动作用，服务于经济建设。

02 向外地校友推介潍坊。宣传家乡经济社会的发展情况和人才需求状况，公布推介招商引资项目、招才引智的政策措施等，引导外地校友支持潍坊发展，为家乡办好事、办实事。

03 向潍坊推介外地知名校友。中心汇集了在国内外的1325名知名潍坊籍校友和1029名潍坊籍博士（后）的相关资料，向党政部门、大中专院校和重点企业推介高端、知名校友，担任政府顾问、学校客座（兼职）教授和企业顾问，做好校友与党委、政府部门和企业之间的协调落实工作。

04 促进人才回流。通过各高中学校与校友的天然联系，吸引潍坊籍大学生回潍坊建功立业，为回潍大学生搭建创业平台。

05 为校友服务。组织"学子企业行"活动和暑期大学生勤工俭学活动，协调联系在校生的社会实践活动。每年寒、暑假期间组织返乡大学生参观考察知名企业，以及城市建设、高效农业等潍坊"亮点"工程，促进他们了解家乡经济建设和社会发展取得的成就，吸引他们毕业后回潍坊就业《中国教育报》头版头条以"了解新发展，贡献'金点子'，规划职业路，潍坊万名学子暑期企业行"为题，用较大篇幅全面报道了潍坊市开展"万名学子企业行"活动的情况。参观考察活动结束后，各普通高中组织参加活动的大学生撰写考察报告、"金点子"、心得体会。校友资源开发服务中心会同市人事局、人才交流中心组织有关专家进行了评选，并对优秀获奖作品通报表彰。

校友们和家乡的联系加强了，也增加了对家乡的亲切感、认同感。

06 激励、教育广大在校中小学生。做好知名校友事迹的搜集与宣传，协调重大传统节日校友联谊活动，利用校友资源优势，积极开发面向中学生的教育活动，加强对中小学生的教育。

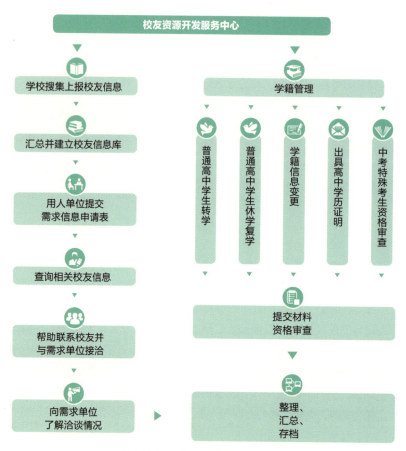

校友资源开发服务中心工作流程

5 家庭教育服务中心

■ "捎上几个西瓜带走"

在青州市谭坊初级中学的校园里，郝杰老师被一大群家长团团围住。急于了解各种各样的家庭教育问题，家长们忘记了在37摄氏度的高温下，郝老师已经足足站着讲了3个小时。当工作人员一边说着"对不起"，一边把郝老师拉出人群的时候，家长们才发现此时的郝老师已经嗓音嘶哑，汗水浸透了衣服。家长们不知道怎样表达自己的激动和内疚，只好争着和他握手。就在此时，一位中年妇女挤到郝老师面前，拉着他的手说："您先别走，我们这儿没别的，就是西瓜多。我回去给您捎上几个西瓜带走，您等等我。"她的话音刚落，几乎所有的家长异口同声地说："对，您一定得带点西瓜回去，我们这就回去取……"

这是发生在"百名家庭教育专家农村行"活动中的感人一幕。亲子教育专家韩杰梅说："我随报告团从安丘到诸城，辗转临朐、寒亭，和万余名农民交流沟通，所到之处，看到的是家长们期盼的目光，听到的是家长们依依惜别的话语，感受到的是农民们火热的情怀。在这里，我受到了一次

家庭教育专家农村行

次心灵的洗礼，我真正看到了农村教育的希望！"

从中心市区每月一次大型免费家庭教育报告会，到"百名家庭教育专家农村行"，再到"百万家长进课堂，重新学习做家长"，潍坊市"亲子共成长"工程已经走过了6个年头。"亲子共成长"不仅是一项让城乡110万个家庭直接受益的惠民工程，也是一项持续提高教育质量核心竞争力的助推工程。

■ 职能定位：家庭教育关系教育未来

潍坊曾经做过一项家庭教育问卷调查，在对3万份有效问卷汇总统计后发现，家长关注度最高的问题是孩子的学习问题。"家长对孩子的学习高度关注无可厚非，但缺少理性的过度关注，正是造成孩子压力过大、负担过重的主要原因。"知名家庭教育专家金琰说，"孩子青春期时，近半数家长和孩子交流出现困难，有近90%的家长不知道该如何做家长，急切需要帮助。"

"当孩子成为一个家庭的中心时，学校教育只有延伸到家庭，为家庭所认同，才能获得教育持续发展的动力。"张国华局长说。他认为，只有关注家庭，主动承担起培养、提高家长素质的责任，家校联手，才能打造出教育质量持续提高的核心竞争力。

家庭教育服务中心的工作人员曾接到这样一个家长的电话。他的女儿燕燕今年六周岁了，是家中第二个女儿。在两个月前，燕燕在当地的一家寄宿学校上学，可

是没想到一月后燕燕居然回家说不想上学了，究其原因是因为孩子想妈妈。家长看到这种情况，就退而求其次，不去寄宿，而去走读，可走读两天后，孩子又不去了。父母软硬兼施，均不奏效，实在没办法，父母又将其转学到离自己家很近又有她熟悉同学的学校。可是她上学两天后，又不想去上学了，气得母亲将其暴打一顿，可倔强的她宁可自己一天不吃饭、不喝水、被罚站，也不肯再去上学，现在已经一个月不去上学了。父母实在没有办法，只好求助咨询师。

了解了这些情况，工作人员约请燕燕父母带孩子一起来咨询室做专业的心理咨询。工作人员首先与母亲以了解情况为由进行单独咨询，以角色互换的策略让母亲了解孩子的无助与恐惧，并体会到自己的行为给孩子带来的后果。其次是与孩子单独咨询，以共情的手段让孩子感觉到信赖与温暖，并引导其宣泄她久积在心中的焦虑与恐惧；又引导孩子进行积极的自我关注，把孩子对离开母亲的焦虑与上学分离开来，引导孩子理解上学的快乐与意义，建立信心，激发起她对上学的美好憧憬。最后母女二人达成协议：每天妈妈送燕燕上学，放学后由奶奶去接，下周起就开始好好上学……

可见家庭教育多么重要，做一个合格甚至优秀的父母是何等重要！家庭教育服务中心的设立，正是为了让更多的父母成为合格甚至优秀的父母。

■ 家庭教育服务模式

服务中心以潍坊行知家庭教育和心理健康指导中心、潍坊中小学生成长导航站为依托，开展家庭教育服务活动。

第一，邀请全国著名专家来潍讲课。

与全国家庭教育研究指导中心合作，从100名专家库中，定期邀请国内知名家庭教育专家来潍举办家庭教育专题报告会，传递最新家庭教育理念，普及家庭教育的基本知识，推广家庭教育成功经验，帮助和引导家长树立正确的家庭教育观念。

第二，组建潍坊知名专家服务团。

汇集潍坊医学院、潍坊学院有关专家，组建由16位得到国家认可的心理咨询和心理健康教育、家庭教育专家组成专家资源库。这些专家有的侧重于指导亲子沟通、压力疏导，有的致力于青少年社会问题研究、学生学习困难研究，有的专长于心理诊断、心理治疗，有的擅长职业生涯选择与规划指导……这些专家有的是免费服务，有的是有偿服务。家庭教育服务中心会及时提供

专家的具体联系方式、咨询时间、地点和收费标准，并每天轮流邀请一位专家进行现场免费电话咨询服务。

成立优秀教师志愿者服务团队。在市区中小学精选100名优秀教师，组建学生成长导师团，通过潍坊教育信息港网站、家庭教育服务中心电话、校园工作室等平台，在学生的学法指导、亲子沟通、心理疏导等方面为学生和家长提供公益性服务。

第三，设立网上服务系统。

在潍坊教育信息港的"家庭教育服务中心"栏目中，设立家教动态、家教咨询、心理导航、专家信箱等项目，向社会定期发布全市家庭教育和中小学心理健康教育的活动信息，提供家庭教育案例、专家案例解读、家庭教育图书介绍、家教感言等信息服务。目前，家庭教育服务中心已经形成覆盖全市的家庭教育网络，惠及110多万个城乡家庭。

经过多年的实际运行，家庭教育服务中心已经形成了规范的工作流程，保障了各项相关工作能有序、高效地展开。

中心的服务对象，主要是全市中小学生家长和问题学生、心理障碍学生、学习困难学生、单亲及父母双亡家庭学生、家庭贫困学生、外来务工人员子女、留守儿童、随班就读残疾儿童、家庭条件特别优越学生、学习成绩特别优秀学生十类特殊学生群体。主要职能是向全市家长和学生提供家庭教育和心理健康教育、心理咨询等方面的指导、协调、联系服务，帮助家长解决教育孩子成长过程中遇到的困惑和问题，帮助学生解决成长中的学习障碍和情感困惑，同时向社会及时提供教育部门举办家庭教育和心理健康教育活动的信息。

亲子共成长，惠及两代人

潍坊市开展实施的"亲子共成长"工程，通过创新机制、搭建平台、建立队伍、开展丰富多彩的活动，显著改善、优化了未成年人健康成长的环境，受到各级领导、专家和市民的普遍好评。

举办"亲子共成长"系列专家讲座。潍坊市先在城区试点，先后邀请卢勤、莫欣萌、吴章鸿等20多位全国著名家庭教育专家来潍，在每月第一个星期六上午，定点定时免费为家长们举办了32场次"亲子共成长"家庭教育报告会，场场爆满，深受城市学生家长欢迎。在此基础上，组织开展了两届"家庭教育专家农村行"活动，邀请全国各地教育专家100余人次赴潍坊189个乡镇，举办"亲子共成长"报告会2450场，农村学生家长受众数百万人。

组织"百万家长进课堂"。在专家讲座启蒙的基础上，抓住时机，因势利导，全面启动了"百万家长进课堂、重新学习做家长"活动，依托家长学校、市民学校、青少年宫等阵地，组织100余万名学生家长学习家教课程，参与亲子互动活动，开始重新学习做家长，亲子共成长。

开展成长导航活动。着眼于解决问题家庭和个性亲子的健康成长问题，在市县两级分别建立了"亲子共成长"教育指导培训中心、青少年成长导航站等互动沟通平台，建立了由24名全国知名教育专家领衔的专家档案库，组建了由110人组成的潍坊市"亲子共成长"讲师团等，定期举办报告会，开展免费教育咨询、心理疏导等各项服务活动。

开展"做一个有道德的人"主题活动。围绕主题，在家长学校、乡村少年宫，广泛开展网上签名寄语、撰写感言体会等活动。大力开展中华经典诵读活动，让他们在经典诵读中感受人文传统、陶冶道德情操。结合清明、端午、中秋、春节等传统节日，开展"我们的节日"主题活动，深化传统美德教育。围绕抗震救灾，组织开展"感恩的心"活动，引导孩子关注灾区、奉献爱心。组织开展志愿服务，进行义务劳动、慰问演出等，引导广大未成年人在参与中受到教育、得到提高。据不完全统计，2012—2013年开展各类实践活动20000余次，近200万未成年人受益。

　　开展特色文化教育活动。依托各类"亲子共成长"的平台，引导广大未成年人加入文化艺术、科技普及、体育训练等社团组织，学习传承民族优秀文化和地域特色文化。基于风筝工艺的历史传承和文化科技内涵，在青少年宫、乡村少年宫普遍设置"风筝扎制"活动项目。各课外实践基地还充分挖掘当地文化资源，建立民俗活动项目，把高密剪纸、姜庄泥塑、杨家埠木版年画等传统工艺品摆上操作台，在潜移默化中引导农村孩子开阔视野、增长才能。有的还利用公开课、节假日，组织亲子共同参与野外训练、红色教育郊游等，通过这些贴近生活、贴近实际的沟通学习，使广大家长、未成年人直观形象地体验生活、理解生活、学会生活，加深了相互了解、相互理解。

■ 工作流程示意图

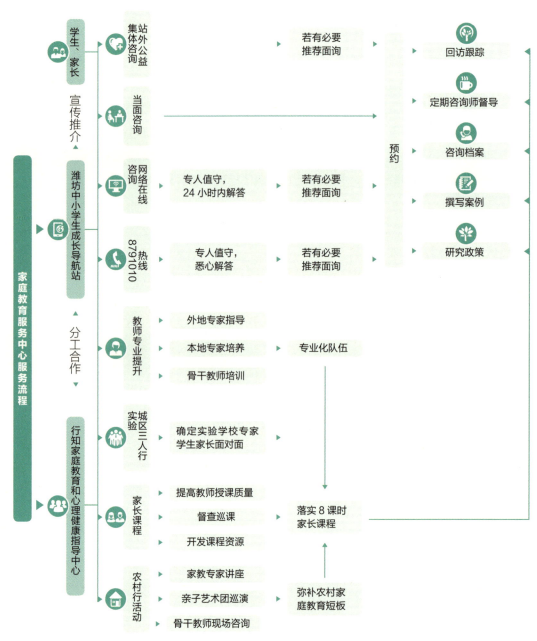

家庭教育服务中心工作流程

6 学生资助管理服务中心

■ 一个电话捐款 4 万元，资助 20 名学生

"教育局吗？我想了解一下你们资助困难学生的程序。"一个周二的上午，学生资助管理中心接到一位女士的电话。中心工作人员详细为她解释了市教育局开展特困生救助工作的开展情况，包括救助对象的核查认定、结对捐助学生的基本流程以及相应跟踪的监督措施。该女士当即索取了教育局的账户信息，表示将拿出 4 万元，资助 20 名贫困孤儿学生。工作人员问："您对我们就这么信任吗？仅凭一个电话？"她说："当然，我之前从潍坊阳光助学网上早就详细地了解过你们的助学情况。你们把账号信息发给我吧，我马上安排人去打款。"当天下午，这位女士就打来了 4 万元。当问及这位女士的姓名和单位时，她说不用了。现在自己有条件，这点事是应该做的。明年这个时候再联系她，到时她再给孩子们打钱过去。

一个甚至连姓名都不肯留下的爱心人士，她的行为是对教育局学生资助工作的肯定，中心工作人员在感觉一份爱心的同时，更感到了一份沉甸甸的责任。

有了学生资助管理中心，越来越多的爱心人士加入到爱心助学的队伍中来。

■ 职能定位：不让一个孩子掉队

由于家庭的原因，一些贫寒学子面临失学，"不让一个孩子掉队，让每一个孩子都享受到阳光助学"，这是工作人员的决心。例如，王同学考入了潍坊一中，但父母都患有白血病，一时难以筹措学费。当家长前来咨询时，工作人员详细解答了普通高中资助救助政策，让家长吃了一颗定心丸。

再如张同学，临朐龙岗人，2011 年毕业于临朐五中，考入济南大学。父亲患肺心病，母亲有冠心病，家庭因无劳动力，为农村低保户。因为信息申报不及时，耽误了申请民政局牵头的、多部门联合组织的大学生困难救助。中心接到求助电话后，马上与市民政局沟通情况，并及时联系了临朐县学生资助管理中心。通过联系核查情况属实，县民政局及时为其补报信息，使该生成功申请到补助金三千元。资助中心再次跟家长沟通办理结果时，家长连声

学生资助管理中心的服务对象是全市各级各类学校在校学生。其主要职能一是指导、协调全面落实国家、省、市出台的学前教育阶段、义务教育阶段、高中阶段及普通高校在校学生奖励、资助政策；二是协调办理高校生源地信用助学贷款；三是对家庭经济特别困难的基础教育阶段学生直接给予资助帮扶。

致谢："当时是听广播听到了市教育局的电话，就想试着打个电话看看。市教育局的老师能给我们回个电话我们就觉得很温暖了，没想到又这么操心地帮我们申请困难补助，真是太感谢了！"几天之后，学生家长专门打来电话表示感谢，说已经领到县民政部门转去的特困大学生救助金四千元，比申请的还多一千元！

像这样的例子不胜枚举。只要是有经济困难方面的求助，学生资助管理中心的工作人员都会伸出爱心之手，帮助有困难的学生。

■ 联动服务网络全覆盖

资助中心建立起市、县、校三级联动的学生资助管理服务网络，对各级各类学校学生资助服务的范围、时间、标准、程序实行了"四统一"，实现了家庭经济困难学生资助的全覆盖。

第一，健全学生资助管理服务体系。

各县（市）区成立了学生资助管理中心，强化学生资助管理机构建设。配备专职工作人员，提供办公场所、办公设备和办公经费，在全市形成完善、高效、快捷的学生资助管理网络，为切实做好各项资助工作提供组织保证。

适应资助工作发展要求，加强对资助对象、资助程序和资助资金的跟踪和监督。建立学生资助工作网络化监管系统，建成全市资助信息数据库，做到能够快速查询全市各学校每个接受资助学生的基本情况，以及资助经费的周转落实情况。通过潍坊阳光助学网、潍坊教育信息港学生资助管理

只要是有经济困难方面的求助，学生资助管理中心的工作人员都会伸出爱心之手，帮助有困难的学生。

中心栏目等渠道，向社会发布有关资助信息，方便群众查询和监督。

第二，多渠道做好资助政策宣传。

除通过下发文件、致家长的一封信等渠道对资助政策做好宣传外，资助中心还积极联合潍坊电台、潍坊电视台、大众日报社、山东人民广播电台等做好学生资助宣传工作。另外，学生资助中心还建设了潍坊市学生资助工作QQ群、潍坊阳光助学网站（http：//www.1314780.cn）、潍坊学生资助公共微信等，及时有效地宣传资助政策，开展资助工作。

第三，形成合力，拓展帮扶资金来源渠道。

积极同本地企事业单位、个人等社会力量加强合作与交流，吸引他们在教育惠民服务中心设立奖、助学金，为学生资助提供资金支持，使学生资助工作得以"有米下锅"。市民政局、慈善总会、团市委、总工会等具有资助职能的部门联合，形成合力，积极实施学生资助。同时也为社会各界爱心人士资困助学创造条件，搭建平台，让社会资助成为资困助学的有力补充，实现政府资助、学校资助、社会资助的有效结合。

第四，实施援助培训。

对家庭经济困难学生进行有选择的技能培训、文化补习等活动，对他们实施能力扶助。如校内勤工助学学生的岗前办公自动化培训、校内外勤工助学的安全培训、家教基本技能培训、社交礼仪培训等。通过"授人以渔"，让家庭经济困难学生享受免费的专业培训。学生持相关的资格证书参加岗位招聘会时能增加成功的机会。

■ 工作流程示意图

经过多年的实际运行，学生资助管理服务中心已经形成了规范的工作流程，保障了各项相关工作有序、高效地展开。

据悉，学生资助中心每年资助资金超过1.5亿元，资助救助学生近20万人次，直接救助全市特困家庭学生9800余人次，已累计发放特困生救助金620余万元。2012年春季开始，又对普通高中的低保家庭、孤残学生实施免费入学，已累计拨付专项资金764万元。

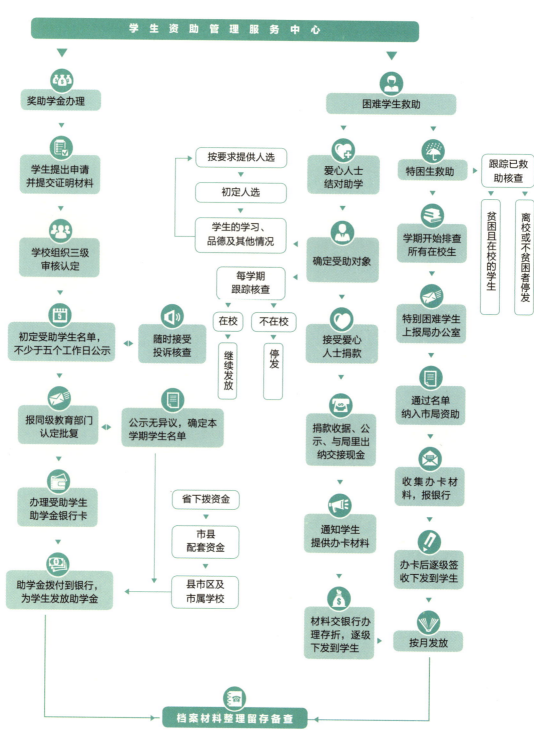

学生资助管理服务中心

奖助学金办理

学生提出申请并提交证明材料

学校组织三级审核认定

初定受助学生名单，不少于五个工作日公示

随时接受投诉核查

报同级教育部门认定批复

公示无异议，确定本学期学生名单

办理受助学生助学金银行卡

助学金拨付到银行，为学生发放助学金

按要求提供人选

初定人选

学生的学习、品德及其他情况

每学期跟踪核查

在校 — 继续发放

不在校 — 停发

省下拨资金

市县配套资金

县市区及市属学校

困难学生救助

爱心人士结对助学

确定受助对象

接受爱心人士捐款

捐款收据、公示、与局里出纳交接现金

通知学生提供办卡材料

材料交银行办理存折，逐级下发到学生

特困生救助

学期开始排查所有在校生

特别困难学生上报局办公室

通过名单纳入市局资助

收集办卡材料，报银行

办卡后逐级签收下发到学生

按月发放

跟踪已救助核查

贫困且在校的学生

离校或不贫困者停发

档案材料整理留存备查

学生资助管理服务中心工作流程

7 | 咨询与投诉服务中心

■ 热情化解怨气与怒气

一名看上去有一定文化层次的中年妇女来到教育惠民服务中心，没等接访人员问话，就手拍柜台，大声喊叫，情绪激动，令整个市政府大厅人员都侧目观看……

一名在县区学校上学的学生家长打来投诉电话，口气强硬："我的孩子在学校里受到了威胁，生命得不到保障，被同学索要300块钱，孩子回家哭闹，你们教育局管不管？"其间他还骂骂咧咧，满嘴的脏话："你叫什么名字？你们必须保障我孩子的生命安全，万一孩子有个三长两短，我和你们没完。"……

潍坊市坊子区一名学生家长在叙述完事件后，威胁说："如果你们下午两点之前不给我答复，我就在网上曝光，还要带人到你们中心去闹，让你们不好受。"

……

像这样的事情还有很多，咨询与投诉服务中心的每位同志都有很多切身体会和感受。教育惠民服务中心作为教育战线的前沿阵地，就不免会发生"白刃战"。大凡投诉，投诉人心中肯定或多或少地有怨气，他们就会把教育惠民服务中心接访人（接电话的人）作为发泄对象。

面对近乎"不讲理"的投诉者，中心工作人员没有烦躁，没有据理力争，而是从每个细小的环节入手，尽自己所能感化着投诉者，将硝烟化解于无形。"让个座"、"迎上一张笑脸"、"递上一杯热

满足群众的诉求，需要一个沟通的平台，而教育惠民服务中心就是联系群众与行政服务的平台。

水"、"送上温暖的问候"、"表示一句理解"、"体现认真负责的态度"、"表明局里对投诉严肃查处的立场"……处理着这样一个个事件，工作人员不仅仅需要热情，需要认真负责的态度，需要对教育有关政策的熟悉，需要一些心理学知识，还需要及时地分析判断。

因为，群众需要这样的宣泄中心，教育惠民服务中心也需要这样的平台了解群众的呼声……

■ 职能定位：沟通的桥梁

满足群众的诉求，需要一个沟通的平台，而教育惠民服务中心就是联系群众与行政服务的平台。平台的设立就是要倾听群众呼声，解决群众的实际问题；同时，为了解基层信息，对教育部门科学决策、及时发现问题，提供重要依据。这种零距离的咨询与投诉，不仅能够原生态地了解民意，而且使之成为转变行政职能的载体。

咨询与投诉服务中心的职能，主要是接受有关教育问题的公开监督、咨询，受理并查处社会各界对学校违规办学行为等方面的投诉举报，主要服务对象是学生、家长、教师以及关心、支持教育事业的各界人士。凡是与教育政策和办学行为有关的问题，都可以咨询、投诉，都能得到满意的答复。

教育惠民服务中心，架起服务新平台

中心的服务内容主要有：

01 政策咨询　　中小学招生，学籍管理政策，人事分配制度、工资、工龄、职称政策，学校的收费政策和社会力量办学政策等，有专人提供咨询服务。每年的中考报名、考试，高考报名、考试等时段，也有专人在中心提供咨询、解答服务。

02 投诉举报　　学生在校时间长、作业多，负担过重问题，课程课时计划落实问题，教辅资料征订不规范问题，以及学校收费不规范问题，教师体罚或变相体罚学生问题，教师违规从事有偿家教问题等，均可进行投诉举报。

中心工作人员杜雪娟说："在中心工作的三年，我见证了中心的硕果累累。奖牌、锦旗、表扬信，是中心所有工作人员辛勤工作的见证。也许，当若干年后，这样一幅场景还会被我经常忆起：每天早晨一上班，所有的窗口都已经做好了对外服务的准备——电脑、打印机、办公桌等被擦得一尘不染，服务指南等材料都被摆放得井井有条。这一切都默默表达着每个中心人对服务对象的真挚和热情。"

■ 工作流程示意图

经过多年的实际运行，咨询与投诉服务中心已经形成了规范的工作流程，保障了各项相关工作能有序、高效地展开。

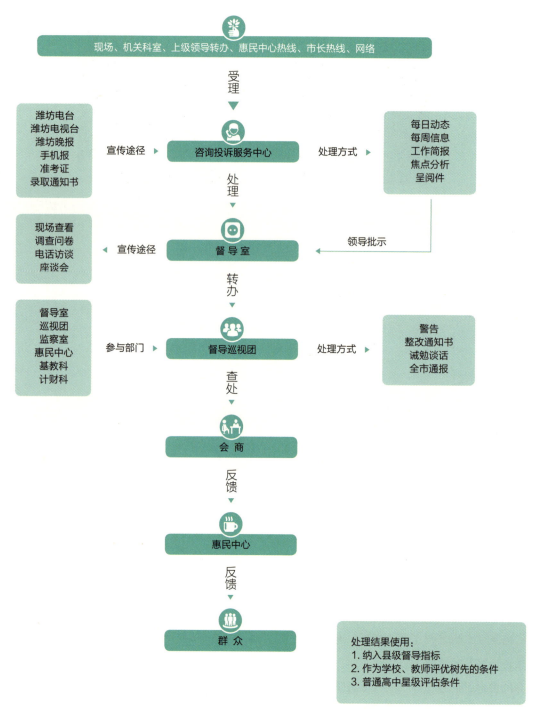

现场、机关科室、上级领导转办、惠民中心热线、市长热线、网络

受理

潍坊电台
潍坊电视台
潍坊晚报
手机报
准考证
录取通知书

宣传途径 ▶ 咨询投诉服务中心 处理方式 ▶ 每日动态
每周信息
工作简报
焦点分析
呈阅件

处理

现场查看
调查问卷
电话访谈
座谈会

◀ 宣传途径 督导室 ◀ 领导批示

转办

督导室
巡视团
监察室
惠民中心
基教科
计财科

参与部门 ▶ 督导巡视团 处理方式 ▶ 警告
整改通知书
诫勉谈话
全市通报

查处

会商

反馈

惠民中心

反馈

群众

处理结果使用：
1.纳入县级督导指标
2.作为学校、教师评优树先的条件
3.普通高中星级评估条件

教育投诉事项办理流程

8 | 师范类毕业生就业指导服务中心

■ 流畅签约，快速改派

2014 年 9 月 19 日，潍坊学院 2014 届体育教育专业毕业生霍方慧到惠民服务中心办理解约改派手续。霍方慧将有关证件递给工作人员审核后，工作人员马上为她办好了解约。然而，霍方慧要求中心解约后将她改派至寒亭区教育局，否则她无法到方舟人力资源公司提取档案。

原来，霍方慧在离校前办理了人事代理，与潍坊方舟人力资源开发有限责任公司网上签约，报到证签发到了该公司，后该生考取了寒亭区的在编教师，需要进行调整改派。在了解该生的情况后，工作人员给她做了解释说明，告诉她这次只能办理解约，等她与寒亭区教育局网上签约后，携带就业协议书等材料过来，中心才能为她办理改派手续。霍方慧听完工作人员的解答后，立刻明白了下一步的办理步骤，她立刻联系寒亭区教育局，进行了网上签约。

经寒亭区教育局和市教育局鉴证通过并盖章打印后，她于 9 月 22 日携带齐全相关材料，到中心办理了改派。霍方慧在办好手续离开前，对工作人员说："谢谢老师，在

你的帮助指导下，我的就业手续才办理得这么顺畅、这么快速。现在我可以到方舟公司去提我的档案了。"看到学生满意的笑容和开心的脸庞，工作人员也会心地笑了。

为霍方慧同学办理改派手续，不正体现了毕业生就业服务中心热情接待、周到服务、便捷高效的服务承诺吗？在中心工作人员看来，服务对象的赞许是对他们工作和服务质量最好的奖赏。

■ 便捷服务你我他

2014 年 9 月 19 日，菏泽学院 2014 届小学教育专业毕业生张田打电话到惠民中心查询自己的档案。在得知张田的有关信息后，工作人员立刻从 2014 年师范类毕业生档案收发登记表中查到了他的档案。工作人员告诉他档案在市教育局，还未转到生源地潍城区教育局。

张田说："我刚才问过潍城区教育局，他们说没有收到我的档案，让我打电话问市教育局。那我现在可以过去提档案吗？""你要往哪里调档案？"工作人员问。"老师，我今年考上了寒亭区的在编教师，

毕业生就业咨询

需要把档案提到寒亭区教育局。调档函给我好几天了，我以为档案已经在潍城教育局了，结果今天打电话一问那边还没收到我的档案。"张田说。

听到这里，工作人员告诉他："今天上午我已通知潍城区和寒亭区教育局下午过来领取毕业生档案，正好这两个县区的档案还都没转下去，到时我跟寒亭区教育局的老师说一下，把你的档案从潍城生源里边挑出来，让寒亭区的老师一起带回去，你看这样可以吗？免得你再为了提档案专门跑一趟腿，费时费力又费钱。"张田听后说："那这样太好了！省去了我的时间。非常感谢您，老师！""不用谢，能为学生提供最大便利是我们应该做的。"工作人员一如既往地淡定，而这，已是他们的工作作风。

　　通过这次为张田同学转走档案，使我明白：只要我们给予一次帮助、一点热情和一丝问候，就能够为服务对象带来极大的方便，何乐而不为呢？在日常工作中，这点滴小事不正是为民服务宗旨的体现吗？

——潍坊市教育局教师工作科科员　陈昕

■ 一切为了学生便利

师范类毕业生就业服务中心的职能主要有 3 项：

1. 调查掌握全市教师队伍实际状况，为领导决策提供参考；
2. 直接面向师范类毕业生开展就业服务；
3. 对引进的毕业生进行跟踪服务。

窗口主要面向师范类高校毕业生、用人单位以及关心师范类高校毕业生就业政策信息的社会各界人士提供服务。有以下 10 项服务内容：

1. 办理师范类高校毕业生报到；
2. 办理择业期内师范类高校毕业生的调整改派和二次派遣；
3. 为在山东省教育厅高校毕业生就业网注册的用人单位和毕业生办理开户审核备案、职位审核、招聘信息审核和就业协议鉴证等手续；
4. 负责师范类高校毕业生的档案转递和提取工作；
5. 组织各县（市）区教育行政部门参加师范类高校毕业生供需见面会；
6. 负责免费师范毕业生就业工作；
7. 印发全年师范类毕业生就业工作有关文件；
8. 通过媒介宣传，为毕业生就业提供大量信息支持；
9. 提供电话、现场和网络咨询服务；
10. 对引进的新教师实行跟踪服务指导，并调查掌握全市教师队伍实际状况，为领导决策提供服务。

2013 年，中心组织各县（市）区教育行政部门参加师范类院校毕业生供需见面会达 90 场次，提供毕业生就业岗位信息 1600 余条，参与招聘的毕业生达 12000 余人次。

通过就业网批量办理省内师范类院校毕业生的派遣手续近 2000 人次，接收省外师范类院校毕业生报到 470 余人次，接收和转递毕业生档案 2100 余份，办理调整改派和二次派遣手续 860 余人次，审核鉴证网上签约协议 3200 余人次、审核发布职位 1800 余个，审核发布招聘信息约 390 条，审核开户用人单位近 50 个，接受现场和电话咨询 5000 余人次，为毕业生和用人单位提供了准确及时的信息和服务，促进毕业生和用人单位之间有效双向互动，极大地方便了师范类毕业生就业。

■ 工作流程示意图

经过多年的实际运行，师范类毕业生

就业服务中心已经形成了规范的工作流程，保障了各项相关工作有序、高效地展开。

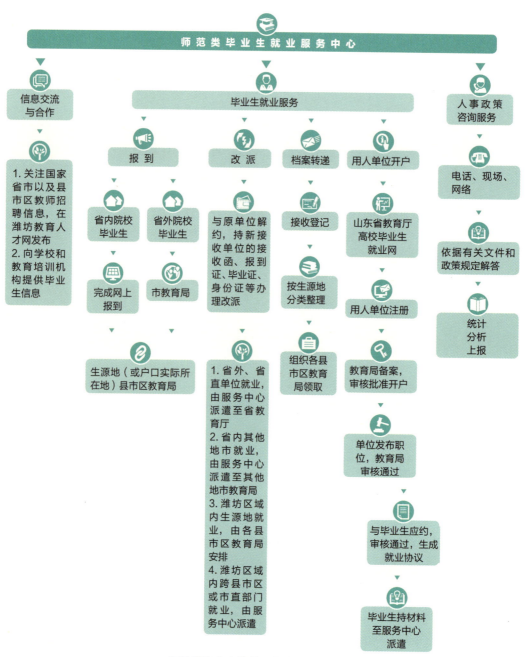

师范类毕业生就业服务中心工作流程

9 出国留学服务中心

■ 让出国深造更便捷

毕业于潍坊七中的小柳特别喜欢韩国，想去韩国学习经营管理。在考察了多家中介机构后，小柳选择在出国留学服务中心办理一切事宜，因为在这里最放心、最贴心。

出国留学服务中心帮他开成绩证明，出具父母的在职证明和收入证明，协助他办理签证的所有资料。

为了不耽误申请学校的时间，中心提前跟学校沟通，递交申请表，资料递交后小柳就在家等签证，等签证期间中心工作人员还会经常与他沟通，告知他要准备的行李和必需品……

当出国中介服务机构鱼龙混杂时，出国留学服务中心的成立，为出国深造的学生提供了最可靠的保障。

潍坊市教育惠民服务中心出国留学服务中心网站页面

　　出国留学服务中心实行留学生留学期间全程管理制，每个学生每次考试成绩、平时表现等，都会通过中心定期反馈给学生家长。

■ 职能定位："出国热"促发职能转变

　　出国留学服务中心的主要职能是：为自费出国留学的各层次学生提供优质服务，包括高中的在校生、毕业生和高校的在校生、毕业生；同时协助潍坊学校引进外籍教师，与国外名校缔结友好关系，开展国际教育交流与合作。

　　中心服务的主要内容是：对有意向出国留学的人员提供政策咨询和留学信息服务，量身制订最佳留学方案，并为协议留学人员办理留学手续。目前中心可以承接留学业务的包括英国、美国、加拿大、澳大利亚、德国、意大利、韩国、日本、马来西亚、新加坡等20个国家的1000多所高校。

　　以前，教育行政主管部门关注义务教育、高中教育、职业教育等，学生的出国留学并不在职责范围内。随着经济发展、全球一体化趋势的到来，国人不再满足于国内教育，而把目光投向了国外教育，出国留学热潮一浪高过一浪。大学毕业生、初中生、高中生甚至小学生，想出国学习的都不少。家长有意愿，社会有需求，受利益驱动，出国留学中介服务机构鱼龙混杂，问题不少。虽然教育部门时常发布出国留学预警公告，潍坊教育相关部门也查处了一些不合规范的机构，但是学生、家长受骗现象仍然时有发生。

　　时代在变，教育职能也在变。以人为本，群众的需求，就是最大的需求。为此，出国留学服务中心的诞生顺应了时代发展的趋势和广大群众新的教育需求，整体降低了潍坊出国留学服务市场的风险。通过规范的服务，进一步净化市场，保证群众的权益不受侵害。中心的合作方，都是经教育部批准的出国留学服务机构，业内有较高的权威性、较高的签证效率和良好的信誉度，能较好地保障学生和家长的合法权益，让学生满意，让家长放心。

■ 中心成纽带，服务无止境

　　出国留学服务中心对所有留学生进行长期跟踪服务和管理，收集了以往所有潍坊籍留学生的家庭与海外信息，整理编印了《潍坊市留学生通讯录》，使所有留学生信息能够共享，留学生家长与学子之间能够更好地进行沟通。同时，为切实保障潍坊市留学生留学期间人身安全并督促他们学有所成，中心实行留学生留学期间全程管理制，每个学生每次考试成绩、平时表现等，都会通过中心定期反馈给学生家长。

为了解决广大留学生家长想念孩子的问题，把工作做到透明化，让留学生家长零距离接触留学国家、留学学校、了解留学生的日常生活，中心定期组织留学生家长探亲团，进一步加强学校与家长的联系和沟通。此外，中心每学期还会召开潍坊留学生家长会，向家长汇报学生的情况。这样细致、贴心的服务获得了家长和社会的一致好评。

召开留学生家长会

■ 工作流程示意图

经过多年的实际运行，出国留学服务中心已经形成了规范的工作流程，保障了各项相关工作有序、高效地展开。

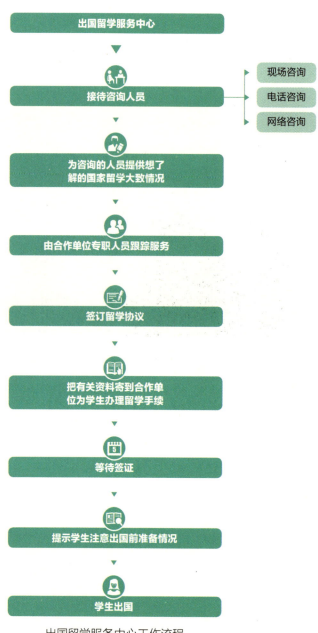

出国留学服务中心工作流程

公共服务平台的
运行机制

1　热线 8791010，一拨就灵
2　一站式服务
3　决策服务机制
4　惠民中心和科室联动机制
5　市县校三级联动机制
6　信息公开机制
7　保障机制

教育惠民服务中心办事大厅

通过热情细致的服务，向社会传递正能量，激
发正效应

5分钟短会现场

　　潍坊市教育惠民服务中心运行多年来，把"群众的事无小事，全心全意让群众满意"作为最高宗旨。

　　走进教育惠民服务中心的大厅，一排排锦旗见证了中心的价值和意义。

　　在全省组织的地市科学发展综合考核群众满意度调查中，潍坊教育连续四年名列潍坊市各行业首位。

　　一站式、零距离、大平台、精细化、全天候服务方式，对来的每一个人、接的每一个电话、收的每一条信息，都做到了事事有回音、件件有着落，百分之百回复，百分之百满意。教育惠民服务中心做到的这一切，得益于机制创新，科学规范的运行流程和全新的保障机制。

1 | 热线8791010，一拨就灵

热线电话提供24小时服务，由惠民服务中心热线服务人员负责接听

"我想打听潍坊一位很老的教师，现在不知道他在哪里，能不能通过一些途径寻找一下？他叫魏道源，任教语文学科，很多年没有见面，现在不知道怎么样了。"旅居国外的谢先生致电8791010，想寻找过去山东师范大学毕业的同学……

"山东省教师资格认定什么时间开始报名？何时考试？"多名学生通过教育热线咨询此事。前台工作人员陈昕立即联系人事科，5分钟之后给予了他们满意的答复。

"今年中考志愿怎么填报？市区的学生中考可以报考哪些学校？哪类学生是指标

生……"临近中考，热心的家长特别关注中考有关政策。

"女儿马上就要放暑假了，想报个舞蹈班学习舞蹈，能不能帮着找个优秀的舞蹈教师来指导？"张女士求助教育热线。工作人员接到求助后，马上为她查阅了在教育局备案的舞蹈培训机构，希望可以依照张女士的要求提供令她满意的培训学校。后来回访时，张女士为孩子选择了离家不远、硬件设备、软件设施都非常好的一所培训学校。"真想不到，一个电话，就能热心为我们帮忙。"

……

唯有让惠民中心成为真正为老百姓说话的地方，为老百姓解决问题的地方，只要有教育的事，让老百姓拿起电话就会想到惠民中心，这才是服务的高境界。

　　长期以来，教育服务散落在各级各类机关各处室中，没有一个便捷而被公众广泛知晓的渠道，群众很难为自己的教育诉求找到对应的解决渠道，群众的个性化、多样化教育需求难以及时得到满足，教育问题和矛盾的累积势必会影响社会的和谐和稳定。因此，需要成立教育惠民服务中心，设立教育惠民服务中心热线，使之成为联系群众与教育行政的专线，成为沟通信息、满足群众个性化教育需求的桥梁。

　　而让群众接受教育惠民服务中心，不

是一件容易的事。唯有让惠民中心成为真正为老百姓说话的地方，为老百姓解决问题的地方，只要有教育的事，让老百姓拿起电话就会想到惠民中心，这才是服务的高境界。

　　为此，自2010年开始，教育热线电话实现了全天候24小时服务，工作时间由惠民中心热线服务人员负责接听，非工作时间实行电话录音办法，工作人员上班后的第一项工作就是收听录音电话，及时进行处理。24小时服务机制，保证

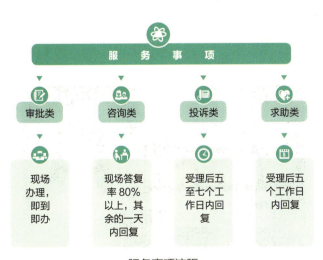

服务事项流程

潍坊市教育局每年投入近百万元，通过潍坊电视台、潍坊人民广播电台和《潍坊日报》《潍坊晚报》等，每天向社会宣传惠民中心的联络方式。

了群众教育诉求不受时间的限制，更加方便了群众。

自 2010 年 12 月底实施 24 小时服务机制后，仅录音电话接受群众服务事项就达 30000 多件。

为了让群众及时了解教育惠民服务中心的投诉咨询热线及其他信息，潍坊市教育局每年投入近百万元，通过潍坊电视台、潍坊人民广播电台和《潍坊日报》《潍坊晚报》等，每天向社会宣传教育惠民中心的联络方式。

同时，通过学生准考证、录取通知书、学校公示栏等方式，宣传服务，宣传教育惠民服务中心的联系方式，将所有学校和教师的办学育人行为全面置于全社会的监督之下，社会各界人人都可以通过惠民中心表达诉求、寻求服务，使原来群众咨询无路、投诉无门，转变到现在的有教育问题就拨打热线 8791010，真正做到了"8791010，一拨就灵"。

通过扎扎实实的服务工作和信息宣传，惠民中心的社会知晓度逐年攀升。据惠民中心 2013 年 12 月的调查显示，惠民中心知晓度达到 90.8%，比 2011 年 5 月调查的知晓度 60.3% 提高了 30 多个百分点。惠民中心不仅让潍坊百姓满意，而且也获得了国内同行的认可。

通过网络等多种媒体广为宣传

2 | 一站式服务

在一站式服务流程上，对公示服务项目实行首问负责制和一次性告知制。这些项目既可网上咨询，又可热线投诉，还可以现场办理。

惠民中心的主要服务事项有审批类事项、咨询类事项、投诉类事项、求助类事项。

让我们再一次审视惠民中心认真、细致的规定：审批类事项由相关的前台窗口人员现场办理，即到即办。咨询类事项中属于网络咨询的，由各分中心负责解答；属于现场咨询的由前台服务人员负责解答；热线电话受理的咨询事项则即时对应地转接到相应的前台分中心，由前台人员负责解答。咨询类事项的现场答复率必须保证在80%以上，对于现场不能答复的问题，要以最短的时间获得答案，并立即回复咨询人。投诉类事项实行首接负责制，由首接负责人进行登录，并在每天下午下班后报惠民中心管理办公室。对于群众的投诉事项，惠民中心必须在五到七个工作日内给予回复，征求投诉人的意见和建议，直至投诉人满意为止。

为了确保惠民中心一站式服务的顺畅，市教育局主要负责同志时时到服务中心调研；分管局领导负责和市有关部门协调、沟通，推进各项工作开展；其他局领导每年至少有一个月时间到中心带班。在管理体制上，服务中心自觉接受市政府法制办、市纪委机关效能监察中心的领导，中心自主负责所属人员的日常考核、监督、管理，并参与市行政审批大厅的考核与奖惩。

咨询类事项的现场答复率必须保证在80%以上，对于现场不能答复的问题，要以最短的时间获得答案，并立即回复咨询人。

■ 服务流程标准化

为了提高运行质量，教育惠民服务中心明确了各分中心的工作规范，根据各分中心服务特点制定了详细的工作服务流程，同时将信息汇总，便于领导决策。

在服务流程方面，中心根据各分中心服务内容的不同特点，采取多线运行和单线运行并存的方式，使群众所关心、关注的教育问题能够得到及时有效的解决。其中咨询与投诉受理服务中心、校友资源开发中心、学生资助管理中心等为单线运行模式，社会培训服务中心、校企合作服务中心等为多线运行模式。

■ 服务和信息渠道的多元化

网上面对面服务：为了给群众提供一个方便快捷的服务平台，市教育局将教育惠民服务中心八个分中心的网页全部挂在教育信息港的主页上，每个分中心网页都经过了精心的设计，并设有可以互动的咨询台。各分中心的网页都有专人维护，及时上传最新信息，回复群众网上问题。由于省时省力，群众的浏览量非常大，网络服务已经成为市教育局为民服务的重要一环。

教育惠民服务中心发挥"一头连着社会需求，一头连着教育资源"的优势，通过现场、电话、网络等三种方式受理群众咨询、求助及投诉事项，咨询事项的即时答复率在80%以上，投诉事项在5天内完成调查处理和回复。

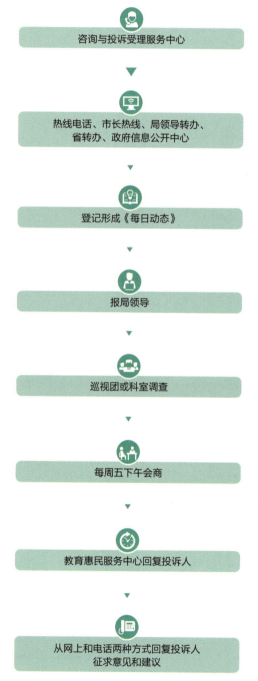

咨询与投诉受理服务中心

↓

热线电话、市长热线、局领导转办、省转办、政府信息公开中心

↓

登记形成《每日动态》

↓

报局领导

↓

巡视团或科室调查

↓

每周五下午会商

↓

教育惠民服务中心回复投诉人

↓

从网上和电话两种方式回复投诉人征求意见和建议

单线运行的教育咨询与投诉受理服务中心工作流程

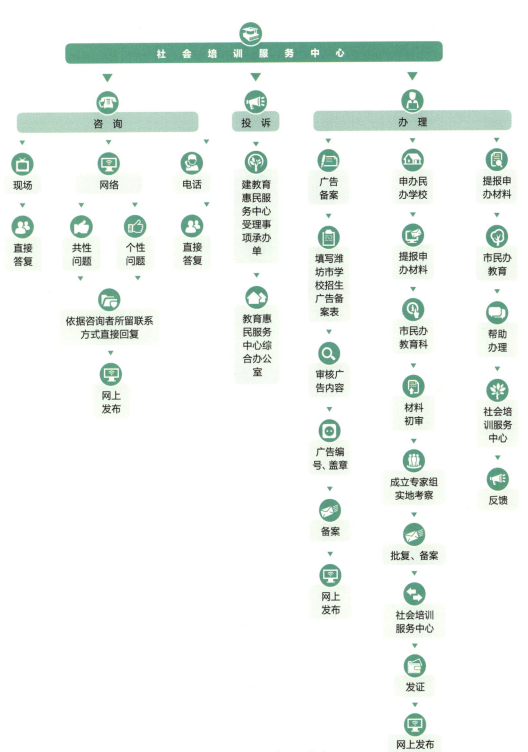

多线运行的社会培训服务中心工作流程

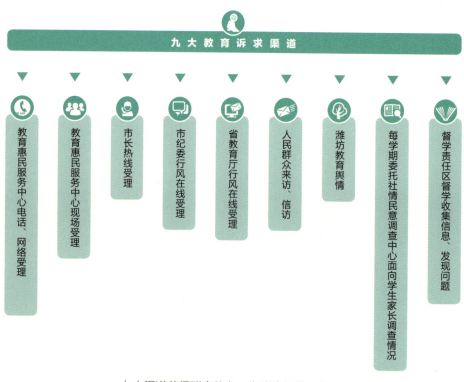

九 大 教 育 诉 求 渠 道

教育惠民服务中心电话、网络受理

教育惠民服务中心现场受理

市长热线受理

市纪委行风在线受理

省教育厅行风在线受理

人民群众来访、信访

潍坊教育舆情

每学期委托社情民意调查中心面向学生家长调查情况

督学责任区督学收集信息、发现问题

九大渠道获得群众信息，为群众提供服务

■ 服务方式的人性化

教育惠民服务中心通过开展"微笑服务月"的活动，评选出"微笑服务之星"，推出并实践微笑服务的礼貌规范用语。为了更好地服务群众，教育惠民服务中心精心研究，结合市教育局确立的"要严格要求自己，高起点定位，奋力实现工作新突破"工作目标，不断提高教育服务质量和水平，给群众提供更加优质的服务；提出了"六高"工作新要求：思想认识高、办事效率高、业务水平高、和谐程度高、群众满意度高、个人追求高。

"面对责难甚至辱骂不烦躁，把烦琐事当作乐事不厌倦。"教育惠民服务中心在服务群众、服务社会发展的同时，也在不断地考验着中心人员的工作能力、服务态度和自身素质，悄悄地影响着中心人员的思想，陶冶着他们的性情，历练着他们的能力。教育惠民服务中心名副其实地成了中心人员升华思想、提高智慧的平台。

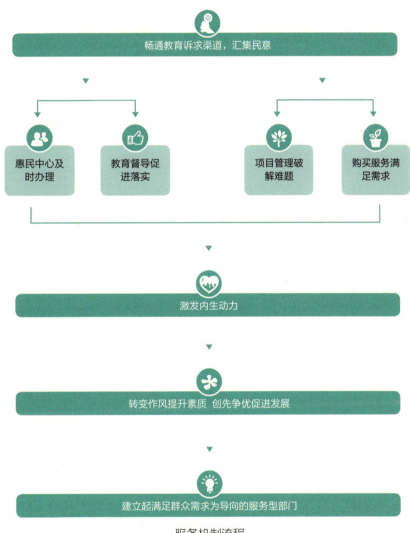

畅通教育诉求渠道，汇集民意

惠民中心及
时办理

教育督导促
进落实

项目管理破
解难题

购买服务满
足需求

激发内生动力

转变作风提升素质　创先争优促进发展

建立起满足群众需求为导向的服务型部门

服务机制流程

3 | 决策服务机制

■ 快速反馈机制

教育惠民服务中心建立起了工作汇报制度，实行日、周、月定期汇报制度。

第一，每天提报《每日动态》。

教育惠民服务中心管理办公室针对每天的咨询事项、投诉事项、办理事项、求助事项等进行一天一结，形成《每日动态》，每天上午 8：15 前通过局办公平台报送局领导，同时将每天的咨询事项转发给每位科长。局领导对投诉事项进行批办，咨询事项供各科室及时了解，及时做出应对服务。

据统计，仅《每日动态》每天提报的信息量就达 60 多条，仅 2014 年上半年用于报送《每日动态》录入的文字数量达 256000 多字。这些都是从家长的表述中一字一句、字斟句酌整理出来的。《每周信息》和《每月简报》涵盖了大量数据信息，仅数据统计表就有 13 个。

第二，每周提报《每周信息》，每月提报《工作简报》。

教育惠民服务中心管理办公室每周、每月要对中心的工作进行总结，形成《每周信息》《每月简报》。重点是对本周、本月的咨询和投诉事项进行汇总，形成咨询、投诉事项一览表。一览表详细表明各县（市）区咨询和投诉的数量及分类，再下发到各科室、各县（市）区，以督促县（市）区及各科室对教育的热点、难点问题及时采取措施。这就实现了资源共享，扩大了信息的使用效益。

时任潍坊市教育局局长的张国华每天上班第一件事，就是看惠民中心的情况汇报。这份由惠民中心编写的《每日动态》，不仅成为局长桌上的常备"早餐"，也是各科室主任必备的"精神食粮"。在《每日动态》上，可以看到一日的咨询、投诉事项以及业务办理情况，如果哪个科室还没有解决，就需要哪个科室去牵头解决，并要在规定的时间内给出回复。

"办人民满意的教育，人民有哪些不满意，你怎么知道？"张国华局长说，"有了这份《每日动态》，可以直接'接地气'，了解基层群众的需求，了解学校办学情况，群众不满意的事项一目了然。"

如在 2013 年 3 月 21 日《每日动态》上，可以发现有投诉事项 16 件，包括有关学校食堂管理、违规收费的，在职称评聘中出现问题的，还有了解入学问题的，以及学生资助、课业负担、教师言行失当问题等。另外咨询求助事件有 3 件，有家长反映孩子上学路途较远，能否在镇上建一所中学的；也有咨询办幼儿园如何注册的。

■ 应急处置机制

对于突发性事件或严重事件，惠民中心会启动应急程序，第一时间通过电话汇报给分管领导或主要领导，立即对事件采取措施。对于近期出现的热点、难点问题，中心会提报《焦点分析》，通过分析具体的数据或事例，说明问题的重要性，并根据从基层获得的信息，提出相应建议，提报给相关领导和科室。《焦点分析》是根据统计数据分析，及时把握教育的热点问题，提前预判，为领导决策提供参考。

目前，八个分中心都建立了自己的数据

局长签批的《每日动态》《每周信息》和《每月简报》涵盖了大量数据信息，仅数据统计表就有 13 个。《每周信息》对一周运行情况进行总结，并对受理事项进行分析。如第 204 周简报用图表的方式将投诉事项、各县（市）区投诉数量、咨询内容和数量等一一列出，便于找到问题，解决问题……

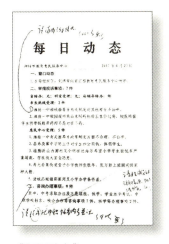

《每日动态》

《每周信息》

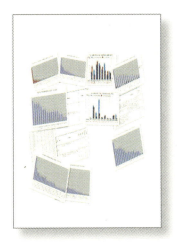

《每月简报》

惠民中心这种快速反馈机制，搭建起信息沟通平台，让处于决策层的教育行政部门能够第一时间了解到基层信息，为教育决策提供第一手资料，从而形成了快捷高效的信息整合、分析、反馈机制，担负起教育行政运行神经中枢的职能。

库。其中，投诉数据库容量已经达到13458个投诉单子，从数据库中能够查出每一个单子，都能够获得什么时间投诉的、谁投诉的、谁受理的、受理时间、投诉内容、投诉区域等信息，能够对投诉的发生地域、投诉事项类别、投诉学段、投诉热点、投诉来源渠道、投诉数量等十多个信息进行统计。

由于数据库的建立，统计变得更加高效。从2009年原始的、根据纸上记录的数据利用计算器一个个加减，发展到现在数据库自动生成，服务效率得到了极大提高。各科室需要的有关数据，中心都能够及时提供。

■ 项目管理运行机制

惠民中心发现的教育热点、难点问题，有的涉及多个科室和单位，传统的管理模式难以有效解决。为此，市教育局打破传统管理条块分割的藩篱，创造性地在机关实施重点工作项目管理，以问题为纽带（需要解决什么问题就确立什么项目），打破科室、部门、行业甚至地域，越层级、跨部室组建项目攻关团队，实行项目组长负责制、项目经费配套制、项目过程化管理、项目"过筛式"评议，聘请高层专家引领破解教育难题，建立起了从项目立项、组织实施到目标评价的运行机制。

通过项目管理的方式，打破科室、单位界限，选聘最合适的人员，形成基于项目管理的团队，群策群力，一大批制约教育发展、影响群众满意度的重大事项得到协力解决。

决策的出台源自信息反馈。根据对投诉案例的研究，潍坊市教育局专门下发了《关

目前，中心已经撰写了《借款久拖不还，损害教育形象》等40多期4万多字的《焦点分析》。

2009年 10月29日	张国华局长在惠民中心呈报的第37期《每周信息》上做批示："惠民中心通报各中心工作的形式很好，焦点分析也很有价值，望再接再厉。"
2009年 12月04日	市教育局以机关内部通报形式印发了惠民中心的第8期《焦点分析》，题目是《升华思想，提高智慧的平台》，号召局机关和下属单位认真组织学习。

于对2010年、2011年群众关注的教育"双十"问题进行立项督查的通知》，对两年中咨询投诉事项进行了深入分析，共梳理出2010年、2011年群众投诉量和咨询量前十位的问题（以下简称"双十"问题）。"双十"问题不仅是教育发展的瓶颈，也是制约国家教育发展的难题，解决这些难题，关系教育公平、群众利益、社会和谐。

潍坊市教育局将"双十"问题分门别类，分解到各科室，按照标本兼治和"管用、可操作、见效快"的思路，坚持边工作、边研究、边总结、边提高的原则。科室（单位）负责人亲自牵头，使"双十"问题得到有效解决，解决了困扰教育的若干瓶颈问题。

制度的制定来源于信息反馈。针对高考前许多家长面临的孩子心理焦虑问题，惠民中心提报了《关爱高考生，适时提供心理辅导》，市教育局召开专题会议进行研究并得到推动落实；针对社会反映的个别非法办园问题，形成了《非法办园，应关注的角落》，市教育局出台《关于集中清理整顿非法办幼儿园和不合格幼儿园的紧急通知》；针对教师体罚学生问题，形成了《让"体罚"远离学校》，市教育局下发《关于严肃查处严重违背教师职业道德行为的通知》。

　　2011年《焦点分析》之《多与少》被转发到县（市）区，《办好人民满意的教育，我们还有很多工作要做》等多期《焦点分析》在县（市）区局长会议上被作为警示材料进行学习，为教育局制定政策、完善决策提供了依据。

4 | 惠民中心和科室联动机制

建立联动机制，目的是形成信息共享、多方互动、全员参与、主动服务的格局，建立一套解决群众教育问题，有效服务群众的运转机制。

自 2012 年起，潍坊市教育局就建立了科室和惠民中心联动机制，实行"前店后厂"服务模式。也就是惠民中心作为服务前店，能够现场办理和答复群众的，现场办理和答复；惠民中心不能答复的，交由后厂（科室）进行深加工，负责研究解决。两者互相联系，前后呼应。

为了让联动机制有效运行，惠民中心采取了四大举措。

第一，人员联动。

每个科室、单位都确定了一名惠民事项承办人。惠民中心答复不了的事项能够直接找到科室责任人。

第二，服务事项联动。

惠民中心将需要科室承办的群众服务事项通过四级联动操作系统传到科室责任人，并附送短信提醒，保证群众求助事项第一时间传递、第一时间提醒、第一时间接收办理，避免了中间流转造成的时间延误。仅2014 年上半年，科室、单位办理惠民中心传递的服务事项就有 300 件。

第三，对共性问题及时研究解决。

各科室、单位要对《每日动态》上的投诉事项进行分析，研究从个别到一般的问题解决思路；对每周、每月投诉事项从区域分布、时间变化、数量、事件性质等方面进行分析研究，探求问题发生的根源，寻求解决问题的办法和措施。2014 年上半年，科室参与研究的共性问题达 11 个。

第四，每周五会商办理。

每周五下午四点，局机关相关科室科长对本周发生的群众投诉事项的调查情况进行分析研究，根据违规情节轻重，分别做出警告、整改、通报、约谈等处理。会商的实施，让科长对发生在基层的涉及本科室业务的事项有了更清晰的认识和了解，对科室工作更好地服务于民帮助很大。会商由分管惠民中心的局领导带领，督导室、监察室、惠民中心的科长轮流主持，办公室负责督查的主任和会商事项涉及的相关业务科室科长参加。会商情况以会商纪要的形式发县（市）区。会商结果以及处理情况，由惠民中心向群众反馈调查处理结果，征求投诉人意见，直至投诉人满意为止。工作做到这一步，群众自然满意。

5 | 市县校三级联动机制

　　为了实现"全社会参与教育治理，全市教育系统参与教育服务"的"两全"目标，从 2014 年 5 月份开始，潍坊市建立了市县校三级联动机制，实现全市教育惠民服务全覆盖。

目前已经实现了八大功能：保存、提示、转发、公示、统计、督办、检索、短信群发

转发、督办功能

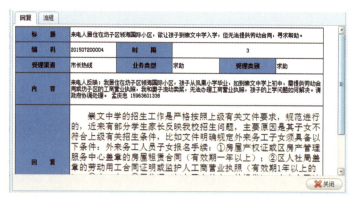

统计、检索功能

通知功能

教育惠民工作会议现场

6 信息公开机制

潍坊教育信息港上设立了互动专区，通过网络也可以进行网上咨询、网上投诉、在线交流、献言献策、问卷调查等。

"我想咨询一下，省内师范毕业需要到教育局报到吗？有什么要求吗？""我想考教师资格证，可是我不知如何报名、如何培训、如何考试。""申办民办教育培训机构提交的材料中，申办报告使用怎样的格式？"……诸如此类的问题，都能在网上得到满意的答复。

作为潍坊市教育局的门户网站——潍坊教育信息港，所有的教育信息都会在这儿找到。如教育局有关政策、文件、招聘、资助等信息一应俱全，让群众一目了然。

同时，完善教育惠民服务中心网站，各科室要按照分工，及时更新网站，改造服务流程，实现和群众网上面对面交流、沟通。教育投诉电话要全天候接听，协调市行政审批中心，以保证 24 小时全天候接听投诉电话。加强对咨询、投诉的回访，确保通过回访，赢得群众对教育的信任，征求社会对教育的建议和意见。2011 年 6 月底，在全市幼儿园、小学、中学等各级学校宣传栏内挂设潍坊教育惠民服务中心投诉咨询方式，使全市家长、学生、教师对教育咨询知晓度达到 100%。

同时，在学生资助宣传材料上，附上教育惠民服务中心的电话及资料，扩大惠民中心在群众中的影响，减少市长热线的投诉量。局信息服务中心还积极协调相关新闻媒体，加强对教育惠民服务中心的宣传，扩大惠民中心的社会影响。

7 | 保障机制

　　"机制"是在正视事物各个部分存在的前提下，协调各个部分之间关系，以更好地发挥作用的一系列具体的、相对稳定的运行方式的总称。为了保证服务质量，教育惠民服务中心进一步建立健全了工作保障机制。

■ 量化考核机制

　　为切实转变部门职能，增强各科室、单位在密切联系群众中创先争优的积极性和主动性，中心建立了考核机制。

　　考核把构建以社会需求为导向的服务机制、以有利于问题及时有效解决的长效机制作为最重要的考核原则和衡量尺度，以解决问题的实际成效和水平来衡量科室的工作。

　　考核内容包括四部分：快速高效解决群众的个性化教育需求，全力研究解决群众关注的教育热点、难点问题，惠民服务机制创新，惠民服务事项办理满意度。教育惠民服务质量考核在科室年度绩效考核中占

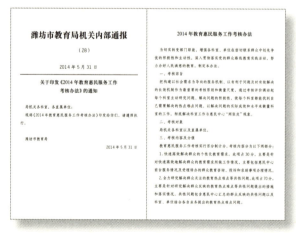

2014年教育惠民服务工作考核办法，对考核宗旨、对象、内容及分值等做出了具体规定。

"校长必读"登录界面

10 分分值。

■ 群众诉求回访机制

教育惠民服务中心要对群众的咨询、投诉、求助事项答复情况进行回访，征求群众的意见建议，做好台账。不仅征求群众对投诉反映问题处理情况的满意情况，还顺便征求群众对教育其他方面的意见和建议，这也是衡量教育服务水平的一项指标。

2013 年 12 月 9 日，省纪委巡视组同志到惠民中心，从惠民中心 2013 年受理的 3000 多件投诉中，随机选取了 3 件进行现场电话回访，询问群众这个问题是不是他反映的、投诉事项是否已经解决、对服务是否满意。由于我们每件投诉都实行了回访

制度，省纪委巡视组的这次回访，家长都表示非常满意。

■ 校长网上浏览群众教育诉求事项机制

自 2008 年 11 月 1 日起，惠民中心把每天受理的群众教育诉求事项在隐去学校名称和个人姓名后上传到潍坊教育信息港，供学校和教育行政干部浏览。校长可以凭借市教育局授权的账号登录浏览，系统将自动保留每位校长的登录时间、浏览时长。

系统还设置了留言板，校长可以针对该事项的调查处理，或由此引发的教育建议、教育反思和感想等进行留言。市教育局每月对校长浏览情况进行统计，对有价

值的教育建议、感想反思等在《潍坊教育》《教育参考》等杂志及教育信息港相关平台刊发。

公众要了解各类咨询和投诉的处理情况，也非常简单。在潍坊教育信息港主页的"公众互动"页面，分别列着咨询投诉受理、学生资助、师范毕业生、校企合作、社会培训、校友资源六大栏目，每个栏目下都列出近期的咨询和投诉问题，点开就能进入"查看答复"页面。

■ 第三方评价机制

潍坊市特意引入第三方评价机制，对教育惠民服务中心受理转办的各类群众投诉、求助、咨询等群众教育诉求落实情况进行考核评价。

评价可通过座谈会、网上问卷调查、公开征求意见、电话访谈等方式进行。评价结果计入年底对县（市）区教育工作督导评估，这就督促各县（市）区教育局把解决群众教育诉求作为重要事项来抓，真正做到件件有声，件件传情。

第三方评价机制的引入，让评价更专业、更客观，避免了教育局"既当球员又当裁判"的局面，使评价结果更令人信服。

■ 窗口业务科室负责制

教育惠民服务中心具体为民服务业务

"查看答复"页面

第三方评价机制的引入，让评价更专业、更客观，避免了教育局"既当球员又当裁判"的局面，使评价结果更令人信服。

责任到科，业务到人，科长是第一责任人，窗口工作人员是具体责任人。各科室要根据每人每次工作1个月的要求，制定出窗口人员轮换安排、窗口工作计划、创新工作内容及措施，经局分管领导同意后实施。接岗人员要提前1天到教育惠民服务中心办理工作交接，熟悉业务。

前台工作人员服务期间，专职从事教育惠民服务中心工作，研究社情民意，做好现场接访、电话咨询、审批事项办理等工作，通过网络平台或同群众面对面交流，积极主动地研究科室工作如何更好地为群众服务。

工作人员因特殊情况外出的，科长要选派科室其他人员顶岗办理业务，办好交接手续。如出现空岗、在岗人员不能办理业务的现象，将追究相应科室和人员的责任。严禁任何科室从下属单位或学校擅自找人顶岗代替。

■ 工作汇报制度

教育惠民服务中心实行日、周、月定期汇报制度。每天8点15分前给局领导提供《每日动态》，每周提供《每周信息》，每月形成工作简报，向局领导汇报每月工作开展情况，并将工作简报下发至各县（市）区。

各分中心要根据各自的业务内容，突出业务创新和深化，将每周、每月业务开展情况及重大事项及时提报管理办公室，便于领导及时了解各领域工作开展情况及存在问题，获取教育决策的依据。

■ 人员培训机制

惠民工作是一项烦琐、细致的工程，一丝一毫都来不得大意和马虎，稍有不慎就可能产生行政诉讼，对来访群众和干群关系造成意想不到的伤害。譬如询问有关考试时间和手续的问题，如果工作人员回答错误将直接导致对方错失考试机会；再有如果不慎泄露投诉人电话，发生的后果也是无法预料的。因此，工作中要一切为群众考虑，认真细致地做好每一件小事。

为提高惠民服务中心工作人员素质，进而提升服务质量，中心有意识地对工作人员进行多元化培训。

限于环境，改变学习培训方式。惠民中心通过"共享文档"推荐学习材料，建立网上培训基地。中心工作人员还通过《教育惠民服务中心传阅单》进行学习。自2012年开始实行以来，每年传阅材料25次以上。

实施业务短训。针对局机关或上级出台的教育规定，迅速组织惠民中心工作人员进行学习，掌握有关要求。

实施5分钟短会制度。鉴于市行政服务中心部门众多、办理业务群众络绎不绝的特点，我们实施5分钟短会制度，包括传达局里和市里的有关指示、网上出现的好文章、重要信息、生活中需要大家注意的问题等。5分钟短会，及时传递了有关信息，交流了思想，沟通了感情。

教育惠民服务中心传阅单

时间	2014年1月22日	
内容	认真学习郭治平局长批示	
中心管理办公室意见	1月22日，郭局长对惠民中心提报的李善峰撰写的《2010-2013年教育违规收费投诉事项分析报告》做出批示，请各位根据郭局长的批示精神，结合各自的工作内容，做好有关数据分析工作，切实将郭局长要求落到实处。	
姓 名	阅者签字	姓 名	阅者签字
刘天铎		于起超	
魏建欣		解世国	
孟凡伟		童双梅	
李善峰		李兆军	
陈 平		陈 昕	
王建国		高克林	
李晓丽		王鑫鑫	
杜学娟		焦巨辉	
谭真真		马全铭	

教育惠民服务中心管理办公室

教育惠民服务中心传阅单

时间	2014年4月19日	
内容	请 传 阅	
中心管理办公室意见	各位同仁：近日，惠民中心给局里提交了两篇《焦点分析》，局主要领导作了批示，请传阅。请各位同仁继续努力，结合各自的工作实际和群众反馈的信息，对教育热点问题进行梳理分析，及时上报领导，为教育问题的解决当好参谋，真正实实在在为群众办实事。	
姓 名	阅者签字	姓 名	阅者签字
刘天铎		于起超	
魏建欣		解世国	
孟凡伟		童双梅	
李善峰		李兆军	
陈 平		陈 昕	
王建国		高克林	
李晓丽		王鑫鑫	
杜学娟		焦巨辉	
谭真真		马全铭	

教育惠民服务中心管理办公室

共享文档内容

公共服务平台的
蝴蝶效应

1　小政府实现大服务

2　小中心服务大教育

3　惠民中心创办的"五大促动"

以教育惠民服务中心为载体，一个大公共教育服务体系已经形成

教育惠民服务中心前台

教育惠民服务中心后台

　　古今中外无数实践证明，再出色的制度设计，如果没有社会的参与，没有普通民众的理解和支持，就很难成气候。

　　潍坊的教育改革触及了体制和机制的"高压线"，"中考制度改革"牵动了社会的敏感"神经"。但让人不解的是，如此一场"教育变法"居然风平浪静、波澜不惊："校长职级制"平稳过渡；"中考改革"7年无一人上访。更让人惊叹的是：人民群众对教育局"满意率"，非但没有因改革出现波动，而且屡创新高，连续四年居全市各行业之首。在信息如天、反应如电的网络时代，这不能不说是一个奇迹。

　　事实上，一些虎头蛇尾，甚至是走了"回头路"的教育改革，并不一定是改革的"政策品质"不好，而是"民意缺席"的结果。在信息时代，不建立"社会参与"的渠道，不让百姓有"话语权"，遭遇民意的"围追堵截"在所难免。

　　"利益相关者"参与教育改革，顺民心、合民意，从群众中来，到群众中去，这是潍坊教育改革成功的基石。

　　这一做法不仅直接保障了教育改革的顺利推进，同时产生了一连串的蝴蝶效应，让教育改革与发展八方风来，海阔天空。

1 | 小政府实现大服务

潍坊以惠民中心为纽带建立起社会参与教育公共治理与服务机制，其服务渠道体现在三个方面：一是通过惠民中心直接提供面对面的服务；二是把重点服务事项确立为工作项目，集中各方资源集中破解；三是通过购买服务扩大服务范围。

这一机制的建立，实现了由管理型政府向服务型政府的转变，实现了由只关注内部需求向关注全社会需求的转变，解决了传统体制下办不了也办不好的难题，形成了大教育大服务格局，全方位满足了群众的个性化需求。

它转变了教育局传统的"高考局"、"义务教育局"形象，赋予教育局"人力资源培养供应部"等新形象。它促动了"大科制"改革，实现了跨部门、跨区域教育资源的整合，搭建了教育供给和社会需求紧密连接的平台，为社会各界全面了解教育供给情况，为教育部门优化教育资源配置、有效供给教育服务，提供了制度保障。

在潍坊，以教育惠民服务中心为载体，一个大公共教育服务体系已具雏形。

许多群众关心的热点焦点问题都汇集到这里，教育惠民服务中心成了公众参与教育改革的"平台"。惠民中心成为全社会教育需求的晴雨表和资源集散地。零散点状的教育资源在潍坊全部被盘活成网，与教育有关的一切需求都能得以满足。

■ 实现家庭教育、社会教育和学校教育的有机融合

2009年，教育惠民服务中心曾连续接到一些关于教师批评学生导致的投诉事件。经过查实发现，虽然一些教师存在教育方法不当的问题，但也发现了一个很不好的倾向，那就是家长容不得教师批评孩子，一看孩子挨了批评就投诉老师，弄得很多教师不敢管理学生了。

对此，张国华局长结合有关案例撰写了《时代变了，有些东西不能变》的文章，要求组织全市教育系统大讨论，力求引导家长树立正确的教子理念。不少学校聘请了社会上的家庭教育专家和成功的学生家长举办家庭教育讲座，使潍坊百万家长逐步认清了溺爱孩子等教育误区的危害，认同应该加强孩

子的挫折教育、吃苦教育、自立教育、感恩教育，提高孩子人际关系处理能力的理念。

从此，社会上出现了礼仪教育培训、户外拓展训练、全人教育夏令营等体现素质教育导向的培训项目。由几起投诉引发的大讨论，用学校教育引领了家庭教育和社会教育的正确方向。而这些变革和讨论都源于惠民中心搭建的互动平台。

依托教育惠民服务中心的反馈信息，潍坊市教育局采取购买服务的办法，聘请潍坊学院的知名教授并让其牵头，聚集了驻潍高校的16位心理学教授和100名中小学优秀教师，成立了"潍坊中小学生成长导航站"，通过电话、网络、当面沟通等方式，为学生和家长提供咨询、心理疏导。短短两年时间，已经为学生和家长提供咨询1.5万次，导航站已发展了11个分站，带起了1240多名教师参加国家级心理师资格考试，形成了比较

完善的心理咨询辅导网络。

家庭教育服务中心成立以来，通过"购买服务"，将市域内的心理咨询与家庭教育专家资源进行整合，成立了由40位全国知名专家和100名潍坊优秀教师组成的讲师团，无偿为农村学生家长举办报告会2450多场次，惠及110多万个家庭，惠及城乡学生家长800多万人次。

依托教育惠民服务中心，真正实现了家庭教育、社会教育和学校教育的有机融合。

■ 编织起全民教育、终身教育的立体网络

2011年7月22日下午3点，一个南方口音的男士打来电话，说他在潍坊出差，时间1个多月，想借这段时间学习一下"装潢设计"，希望中心给他推荐一名软件操作教

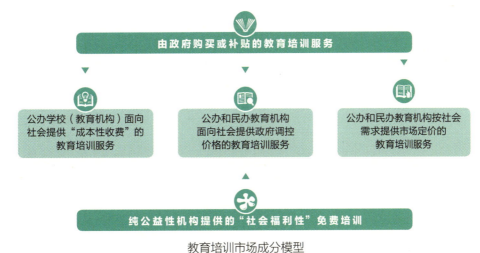

教育培训市场成分模型

师，进行一对一辅导。教育惠民服务中心社会培训服务中心的工作人员迅速联系了潍坊职业学院和潍坊学院等多所驻潍高校，在潍坊学院管延俊书记的帮助下，找到了专门从事这方面培训的李老师。本来没抱多大希望打的一个电话，竟然得到这样圆满的结果，这位先生惊讶之余一再表示感谢。

而这，仅仅是社会培训服务中心诸多案例中的一个。

社会培训服务中心通过对市、区两级社会力量办学管理机构的集中办公，实现了社会培训机构管理与服务一体化。中心协调有关部门，将全市公办与民办、学校办与社会办的356家培训机构进行整合，建立了涵盖65个专业、年培训10万人次的"潍坊市社会培训机构信息资源库"，面向社会开放，随时向社会成员提供学习培训咨询服务，实现了人力资源培养与供应一条龙服务。

2009年12月，市委组织部拟组织潍坊市部分重点企业赴北美地区部分国家举办人才引进系列活动。得知市教育局近年来开发了校友资源，建立了海外高层次校友信息库，为此，市委组织部特发函教育局，要求为其提供部分在北美地区工作或在高校攻读博士学位的高层次人员信息。校友资源开发服务中心从信息库中检索后，为其提供了在美国、加拿大等国家工作或在高校就读的，从事医学、生物、化工、通讯等领域研究的博士、博士后22名，为潍坊市引进高层次人才提供了有力的支持。

校友资源开发服务中心已组织8万多名在校大学生参加"万名学子企业行"活动，每年参观考察潍坊市重点企业130多家（次），形成了汇集潍坊籍博士（后）、硕士、海外校友等知名校友6619名的人才资源库，为领导决策及各行各业招商引资、招才引智提供服务。

在潍坊，以教育惠民服务中心为载体，一个大公共教育服务体系已具雏形。

潍坊成立教育惠民服务中心，在外显形式上是教育行政部门向社会开启了一个服务窗口，而内在逻辑上则是政府自身打开了通向现代服务型政府的门径。它是撬动教育行政转型的支点。

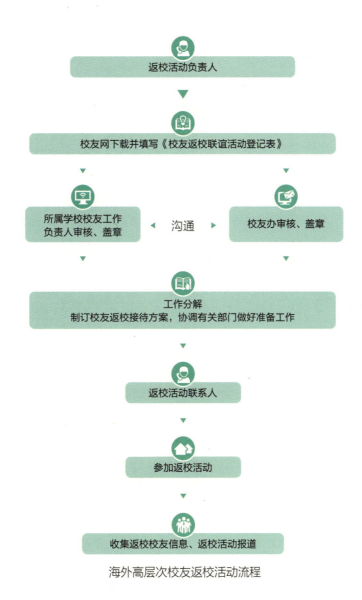

海外高层次校友返校活动流程

链接

山东省潍坊一中校友资源开发又谱新篇章

2013 年 7 月 24 日至 25 日，"2013 中国食品谷北京（潍坊）招商恳谈推介会"在京举办，商务部所属的全国城市农贸中心联合会宣布授予潍坊市"中国食品谷"称号。潍坊一中校长于允锋应邀参加活动。

市委常委、副市长孙起生在致辞中简要介绍了潍坊市的基本情况、主要优势和良好的投资环境。"中国食品谷"项目是市委、市政府顺应"蓝黄"两大国家战略需要，着眼于整合区域内的食品产业，打造潍坊"食品安全区"和食品产业品牌，促进农业乃至整个潍坊经济转型升级科学发展做出的重大决策部署，为食品产业转型升级、投资创业带来了新的历史机遇，提供了广阔平台。孙市长诚邀海内外有战略眼光的投资者、企业家和知名科研院所、高等院校到潍坊"中国食品谷"实地考察、投资兴业、设立机构，并承诺将继续打造高效透明的政务环境、配套完善的商务环境、开放包容的人文环境、宜居宜业的生活环境，让所有合作伙伴、投资企业真正享受到最优惠的政策和高效、优质、周到的服务。

本次活动有七位来自北京高校、科研院所的知名校友参加活动，会议期间校友们与家乡的领导和参会客商进行了交流，校友们纷纷表示有机会一定回家乡看看，尽自己的所能为家乡做贡献。

在京期间，于允锋校长还专程到清华大学看望了潍坊一中参加清华大学暑期夏令营的师生。于校长勉励孩子们珍惜在清华学习的机会，好好学习，在明年的高考中冲击国家一流高校。

潍坊一中校友活动

2 | 小中心服务大教育

开办一个高效的便民窗口，这是当初惠民中心给自己的定位。现在看来，惠民中心的职能和价值，已经远远超越了当初的设计。通过教育惠民服务中心，市教育局能够及时而真切地感受到广大家长的呼吸，触摸到师生的心跳。小小中心，已经成为潍坊市教育局测查民心民意的体温表。

双向互动、快捷、高效的信息沟通机制，有效解决了基层信息不能及时进入教育决策视野的问题，促使教育管理尽可能规避因信息不对称而造成的决策失误。

接到投诉和咨询后，中心通过报送《每日动态》等形式，及时将群众反映强烈的教育热点、难点问题向决策层反映。针对每天的咨询事项、投诉事项、办理事项、求助事项等进行一天一结，形成《每日动态》报送局领导。教育惠民服务中心还要每周提报《每周信息》，每月提报《每月简报》，重点对本周、本月的咨询和投诉事项进行汇总，形成咨询、投诉事项一览表。

每天早晨，当局领导走进办公室，每个人桌上都摆着一份来自惠民中心的《每日动态》；各科室主任走进办公室，都会看到一份来自惠民中心的《咨询事项》。每隔一段时间，惠民中心又会将群众反映的热点、难点问题，通过书面的《焦点分析》，向教育局提出解决意见和建议。这种真实而迅速的问题和信息反馈机制，让教育局"耳聪目明"，面对矛盾能够反应机敏，处置得当。

从2009年9月到现在，教育惠民服务中心共整理了40多期、4万多字的教育热点、难点分析，解决了一线信息不能及时进入教育决策视野的问题。教育惠民服务中心每天汇总来自十多个渠道的一线教育信息报送局领导，对教育部门科学决策，及时发现问题、指导工作、提高服务质量长效机制的形成起到了重要作用。

■ 潍坊市教育机制创新之源

近年来，潍坊市教育局开展的"十二项育人基本制度"、"校车安全工程"、"学前教育三年行动计划"等，都是源于教育惠民服务中心提报的家长和学生反映的真实问题。如针对群众反映强烈的违规办学问题，建立了督学责任区制度和督导巡视团督查制度；针对教师体罚学生、有偿家教、

从 2009 年 9 月到现在，教育惠民服务中心共整理了 40 多期，4 万多字的教育热点、难点分析，解决了一线信息不能及时进入教育决策视野的问题。

言行失当等违反师德现象比较突出的问题，制定了教师"评先树优"中师德考评前置制度，对违反教师职业道德的行为实行"一票否决"；针对群众反映学生作息时间、课程开设等问题，建立了网上晒课表和作息时间制度，公开接受社会监督；针对 2010 年学生资助咨询总量在所有咨询类别中最多的情况，把资助救助中心的联系方式印在高考准考证和中考准考证上，通过"给家长的一封信"等方式广泛向社会宣传，2011 年资助救助咨询总量确实有明显下降。

■ 惠民中心运行机制促进了问题背后的问题的解决

针对许多家长咨询的高考前孩子心理焦虑问题，针对社会反映的个别非法办园问题，针对部分教师体罚学生等问题，惠民中心都分别撰文提报。这些信息又促使潍坊市教育局或召开专题会议进行研究或出台相关通知对问题进行集中整治，这不仅解决了群众反映的"点"上的问题，达到了"治标"的功效，更是理顺了背后的关

十二项育人基本制度

校车安全工程

学前教育三年行动计划

教育惠民服务中心

违规办学
教师体罚
有偿家教
言行失当
评先树优
作息时间
课程开设
学生资助
……

教育惠民服务中心反馈的信息引发了教育创新

系，优化了整体的教育环境，获得了"治本"的效果。

"凡是出台与学生、教师、家长切身利益相关的政策，都经过第三方组织的听证会讨论后才能施行。"2013年年初，潍坊市教育局出台的这项硬性规定，也是根据投诉咨询中出现的突出问题进行的制度设计。此举改变了过去地方政策由"科室起草文件、领导集体研究签发"的传统，让局机关的政策制定者听到了社会各界真实的声音。潍坊市通过购买服务的方式，请第三方民间机构承办听证会。整个过程，市教育局回避，完全由第三方组织。一段时间下来，大家发现，社会参与的听证会使潍坊教育新政更接地气，更具有科学性。

另外，潍坊教育局从社会聘请的专职督学都是从事了几十年工作的"老教育"。他们品行端正，热爱教育，敢于担当，有责任意识，熟悉管理，懂得教学，经验丰富，在从事督导巡视团的工作中，既"督"又"导"，为学校出了不少主意，还写了很多分析报告，像《关于初三学生分流问题的

分析》《关于校内小卖部问题的分析》《关于学校两张课表问题的分析》《关于师德问题投诉量过大的情况分析》《关于普通高中近期投诉量骤增的情况分析》……这一个个报告，内容具体扎实、敏锐前瞻，成为教育部门决策的重要依据。

在第一时间感知第一声音，从第一声音中预判背后的问题，在直面问题中研究同类问题和解决背后问题的方案，这是潍坊社会参与式变革中的逻辑路径。

■ 开放的公共治理结构正在形成

潍坊以教育惠民服务中心为载体，拆除了阻隔社会参与教育治理的屏障，引进社会专业组织参与教育治理和提供教育公共服务，使各相关利益主体都可以通过惠民中心表达诉求、寻求服务，促使教育治理主体结构和权力结构发生了实质性变化，以政府为核心、多元主体共治的格局已见端倪，大大增强了教育发展活力，拓宽了教育资源供给渠道，有力提升了教育行政

教育惠民服务中心的运作，将政府、学校和教师的办学育人行为全面置于全社会的监督之下，一个开放的、社会参与日趋广泛的教育公共治理结构正在形成。

的运行效率和公共服务水平。

同时，教育惠民服务中心的运作，将政府、学校和教师的办学育人行为全面置于全社会的监督之下，一个开放的、社会参与日趋广泛的教育公共治理结构正在形成。

潍坊的社会参与式变革，解放了管理者和被管理者，使双方都共同为服务对象负责。潍坊已实现管办评分离为导向的现代教育制度变革，政府部门主要履行管的职责，便于管理者集中精力履行好决策制定、行业监管等职责，把办学的权力还给校长，这便于被管理者心无旁骛地做好本职工作；把监督、评价等权利还给家长和社会，让家委会和社会各专业教育机构放手参与教育改革与发展。

如此一来，三方轻装上阵，各得其所。教育局可以站在宏观角度置身于部门利益之外制定事业发展规划和出台科学决策；学校可以把主要精力用来做对学生和家长负责的事情；所有学生和家长拥有了参与学校管理和监督的应有权利，助推了学校的健康发展。

■ 公共教育服务体系已具雏形

"教育有需求，请到惠民中心来"，"您所关注的教育问题，您需要教育服务的事项，都将在这里得到满意的答复和解决"，这是潍坊惠民教育服务中心的庄严承诺。

2014年1月31日下午2时40分，一名姓衣的家长拨打教育惠民服务中心热线请求帮助。原来他的孩子在市区某高中读高一，不慎把化学《新课标导学练》丢失，家长和学生多方打听也没能买到。"像这样的问题，市教育局的教育惠民服务中心也管吗？"这名家长问道。"当然管。只要是人民群众需要教育服务的事项，我们都管！"市教育局工作人员干脆利落的回答，让家长焦急的心一下子放了下来。工作人员随即花费了近40分钟，打了8个电话联系相关事宜，最终把一本崭新的化学《新课标导学练》送到了家长手中。

这样的事例不胜枚举。

"建设服务型政府"、"办人民满意的教育"是政府和行政部门的执政理念，更是社会与公众的关切与期盼。潍坊依托教育惠民服务中心，创新回应载体和运行机制，通过高效、便捷的电子政务信息平台以及由此衍生出的项目管理、购买服务制度，使政府和民众之间建立一个紧密、互动的回应机制，潍坊市教育惠民服务中心推动政府机构与民众直接互动，谋求政府的工作与公众需求最大程度契合，建立起一个有回应力、有效率、负责任、具有更高服务品质的善治政府。

在潍坊，一个以教育惠民服务中心为回应载体，从群众诉求到发现问题、解决问题、提高工作质量的良性回应机制正在形成。

现实中，重制度建构、轻过程执行与结果评价，是导致很多改革难以推进或效果不明显的"隐形杀手"。潍坊市教育局在实现为民服务承诺的过程中，就最大限度

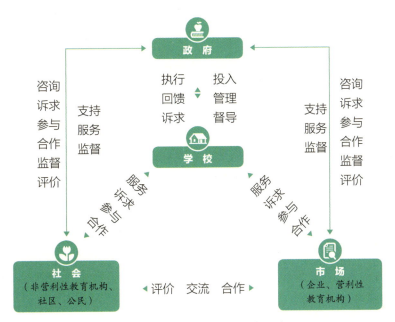

一种开放的公共治理结构正在形成

公众参与的理论架构

地规避了这些弊端。不但在落实中使惠民中心有畅通无阻获取信息的渠道，使局领导与行政科室能及时快捷地得到群众需求的反馈，而且在充分发挥好"指挥棒"的作用上，潍坊教育局也做了使监督、激励更有力的评价设计：汇集所有需要办理事项建立台账，实行责任到人，月度督查通报，年终集中考核。局办公室设有督查室，所有办理事项实行网上流程管理，每月局常务会议研究落实情况，并通报全体机关人员，所有事项办理结果纳入年终先进科室、相关人员的考核。

如此一来，教育惠民服务中心成立时向社会承诺的"件件有回音、件件有落实"就有了制度层面的保障，使工作人员第一时间为群众服务有可以撬动的支点。

如今，在潍坊，一个以惠民中心为快速高效回应载体，从群众诉求到发现问题、解决问题、提高工作质量的良性回应机制已运行成熟，并且形成了一股带动社会文明品位的正能量，提升着潍坊人民的教育幸福指数。

■ 机关工作作风转变、人员素质提高

机关工作人员通过轮流在教育惠民服务中心工作，零距离为群众服务，身处群众中间，更加了解群众的难处和需求，服务意识和能力明显提高。

2007年到2011年，教育行政部门干部参与项目管理多达2233人次，超过了市教育局人员总数（含直属机关）的22倍，平均每个同志每天至少拿出2小时用于项目研究。"在工作中学习，在研究中提高"，已成为机关工作人员的主动追求，每年仅机关工作人员提交评选的调研报告、考察报告、金点子和"工作后鉴"等就达到三四百篇，不少同志已经成长为某一领域的专家里手。

"追求卓越、拒绝平庸，崇尚简单、拒绝庸俗，坚持原则、拒绝私情，致力创新、拒绝重复"的机关文化，以及团结和谐、廉洁勤政、干事创业的浓厚氛围，由此形成。

重制度建构、轻过程执行与结果评价，是导致很多改革难以推进或效果不明显的"隐形杀手"。潍坊市教育局在实现为民服务承诺的过程中，就最大限度地规避了这些弊端。

■ 对教育行政理念产生深刻影响

以惠民中心为运行载体，潍坊教育行政日常运转中管制的成分在日益减少，服务的比重在日益增多。

教育惠民服务中心把机关工作人员推到服务窗口一线，搭建了零距离为群众服务的平台，创造了为群众直接提供服务的机会；在零距离的惠民服务中，更加了解群众的难处和需求，也发现了自身和科室工作的不足，激发了为群众服务的热情，同时也督促自己不断地完善发展提高。

教育主动服务社会，社会自然重视教育。有一年"两会"期间，张国华局长接到一位县委书记打来的电话。电话那边焦急地询问今年的教育督导成绩何时在《潍坊日报》上公告，因为他急切地想知道本县的督导结果。

一把手关心教育、重视教育，如今在潍坊早已蔚然成风。从 2006 年起，教育就被潍坊市市委、市政府确定为全市重点提升的"三大亮点"之一。凡是对教育有益的事在潍坊总是大开绿灯。

潍坊教育呈现出"群众满意、全国知名"的良好局面，更加促进了潍坊市市委、市政府对教育的高度重视。潍坊市市委、市政府把教育事项作为对县（市）区科学发展综合考核的重要内容，每年市委工作要点和市政府工作报告都确立为教育办实事的原则。正是基于这样的重视，潍坊在全国率先建立起年度综合督导制度、成立由市长任主任的督导委员会等，使教育成为各级党委、政府名副其实的"一把手工程"，涌现出了许多在全省、全国闻名的"教育书记"、"教育市长"，形成了"党以兴教为本、政以重教为荣"的良性循环。

教育惠民服务中心窗口

网上教育惠民服务中心

2008 年整合 7 个科室、3 个直属单位的相关服务职能成立教育惠民服务中心。

3 | 惠民中心创办的"五大促动"

　　国家行政学院教育制度创新研究中心赵宏强主任认为，潍坊教育惠民服务中心的创办，至少带来了"五大促动"。

■ 促动了教育行政理念的深刻变革

　　教育惠民服务中心的启动和运作，有力促动了潍坊教育行政职能的拓展和转变，促动了整个教育政风、行风的转变，惠民之风蔚然成势。而在外显行为的背后，最实质性的是教育行政理念的深刻变革，惠民之举促动潍坊教育行政部门实现了由传统的行政管制理念向公共服务理念的转变。

　　理念指导行为，以惠民中心为运行载体，潍坊教育行政日常运转中管制的成分在日益减少，服务的比重在日益增多，一个服务于社会、公民的大教育服务体系正在形成。

■ 促动了教育治理结构的调整与重构

　　20世纪90年代以来，在经济全球化浪潮的冲击下，受"政府失灵"、"市场失灵"双重困境的驱动，伴随着网络信息化社会的到来，一场来自政府组织和民间社会力量力图摆脱公共管理困境、解决社会问题、创新公共服务机制的治理变革运动和治理理论兴起，为创新教育公共管理注入了新的价值元素。在此背景下，国际教育改革的一个重要方向就是以治理理论为指导，力求突破传统的教育行政体制，建立起新的教育公共治理机制。

　　潍坊教育改革能积极顺应国际教育改革新趋势，从国情、域情、教情出发，充分认识到政府要更好地履行职责，成为服务型政府，就必须从大包大揽的单向度管理转向政府、社会与公众等多元主体的共同治理。张国华局长认为，让学生、家长、教师以及社会等利益相关者参与教育改革，是方法问题，更是立场问题。教育部门不能成为既得利益的保护者，更不要成为深化教育改革的障碍，而应该成为广大利益相关者参与教育改革创新的引路人。

　　可见，转向"治理"已成为潍坊教育改革者的广泛共识。他们深刻认识到，政府不应是政策制定与执行的唯一主体，社会组织、学校、公民个人等同样也是主体，应

同时，教育惠民服务中心的运作，将政府、学校和教师的办学育人行为全面置于全社会的监督之下，促使一个开放的、社会参与日趋广泛的教育公共治理结构的形成。

建立起由政府、社会组织、学校、公民个人等多元主体共同参与的教育公共治理结构，由多元主体共同承担教育公共治理的责任，以实现教育公共利益最大化。

教育惠民服务中心的家庭教育分中心的组建，就是以公共治理理念为指导所进行的改革尝试。他们为了更好地践行"服务"的行政宗旨，以"服务外包"的方式，引进了北京一家知名的家教公司，使社会专业组织成为重要的教育服务主体。由于社会专业组织的介入，潍坊教育部门在既无专家可用、又无经费支持的情况下，将家庭教育做得风生水起，惠及潍坊城乡千家万户。

潍坊教育局为配套惠民服务中心的工作，又通过"购买服务"的方式，组建了教育督导巡视团。

■ 促动了高效、快捷的教育需求回应机制的形成

所谓"回应"，是指政府在施政中，公共管理人员和管理机构必须对社会、公民的正当要求做出及时的、负责的反应，不得无故拖延或没有下文。政府的回应力是其责任性的延伸，是构成政府善治的要素之一。政府的回应力越大，表明政府善治的程度也就越高。

潍坊成立教育惠民服务中心，克服了传统行政体制下政府回应机制因其选择性、单向性、滞后性等局限所带来的推诿扯皮、效率低下，门难进、脸难看、话难听、事难办；不作为、乱作为，办事缺乏透明度等弊端。潍坊市创新了回应载体和运行机制，通过高效、便捷的电子政务信息平台，使政府和民众之间建立一个紧密、互动的回应机制，推动政府机构与民众直接互动，加强政府与公众之间的关系，谋求政府的工作与公众需求最大程度契合，从而建立一个有回应力、有效率、负责任、具有更高服务品质的善治政府。

■ 促动了大公共教育服务体系的建设

潍坊教育惠民服务中心五年多来的运行，践行"以社会需求为导向，以群众满意为目标，构建大教育格局"的教育发展观，促动"大科制"改革，突破了传统部门条块分割、分工过细、各自为政的局限。教

　　潍坊教育惠民服务中心五年多来的运行……促动了"大科制"改革，突破了传统部门条块分割、分工过细、各自为政的局限。

育惠民服务中心将群众关心、社会关注的教育服务事项全部集中起来，实行一个大厅办理、一站式服务，有效地整合了教育部门的内部资源和非教育部门的资源，实现了跨部门、跨区域教育资源的整合，搭建了教育供给和社会需求紧密连接的平台，为社会各界全面了解教育供给情况，为教育部门优化教育资源配置、有效供给教育服务，提供了制度保障。

　　在潍坊，以教育惠民服务中心为载体，一个大公共教育服务体系已具雏形。

■ 促动了地方教育决策的科学化

　　潍坊市教育惠民服务中心的运行，形成了双向互动、快捷、高效的信息沟通机制，有效解决了基层信息不能及时进入教育决策视野的问题，促使教育管理尽可能规避因信息不对称而造成的决策失误。正如张国华局长所说，教育惠民服务中心每天将来自全市社会各界人民群众对教育的投诉举报、政策信息咨询、诉求表达、个性化服务等汇成《今日动态》，每天一份提供给局领导和有关科室；不定期地将社会反映强烈的问题形成《焦点分析》，促使教育局必须直面矛盾，研究解决办法，落实对社会的承诺。从一定意义上讲，许多改革是被公开逼出来的。

　　教育惠民服务中心的信息反馈机制，促使教育局的管理和服务必须跟着群众需求走，跟着一线实际问题走，有力促动了教育决策的科学化。自惠民中心成立以来，每年都会有三四十个热点、难点问题被反馈给教育局，进而被确立为年度重点工作项目，进入教育决策和行政运行流程。由此，这就结束了"拍脑袋"决策蛮干的粗放管理机制，使汇集民情、民意、民智成为决策常态，使各项改革获得了广泛的社会认同和群众基础，从而大大提升了教育决策的科学性和教育管理的效能，促使一批制约教育发展的关键问题得到了解决，为潍坊教育改革发展取得今天的良好局面提供了重要的制度保障。

社会参与教育

公共服务

1　教师培训：用培训券激活优质课程

2　项目管理：聚集全社会资源破解难题

3　民办教育发展：提供师资吸纳民间投资

近 6 年来，确立了 256 个重点工作项目，共吸引 2000 多人次参与，聘请市内外知名专家 350 多人

2013 年 7 月 31 日，国务院总理李克强主持召开国务院常务会议，研究推进政府向社会力量购买公共服务。

类似的探索，在潍坊教育界已有 10 年左右的历史了。潍坊教育的实践充分印证了中央决策的必要性和迫切性。潍坊教育局不再管那些管不了、管不好甚至管了不如不管的事，而是放开市场准入，释放改革红利，凡社会能办好的尽可能交给社会力量承担。这样既能加快形成改善公共服务的合力，又能有效解决一些领域公共服务产品短缺、质量和效率不高等问题，使群众享受到丰富优质高效的公共服务。

潍坊教育界通过购买社会服务，脱开身、腾出手，拓展了职能，扩大了公共服务，着力解决传统体制下无法满足的日益多样化、个性化的社会需求，努力将优先发展聚集起来的丰富教育资源更快更好地转化为改善民生的现实生产力。

这在潍坊教育界突出表现为家庭教育、教师培训、项目管理和心理健康教育以及民办教育的发展。

1 | 教师培训：用培训券激活
优质课程

2004 年暑期，培训场上教师们心不在焉的冷清和屋外酷热的炎夏形成巨大的反差，这个反差刺痛了时任潍坊市教育局总督学的张国华。

怎么会是这样子？

原来，多年来，教师培训基本上是在教育界内部循环，层次高些的由本省市师范院校承担，层次低些的就由当地教师进修学校或者教科研部门来做。当地教育学院独家垄断师资培训，市场就缺乏竞争。缺乏竞争就造成课程内容陈旧、教师积极性普遍不高。这种典型的"推拉式"培训，其结果是：钱花了，效果不明显。

怎样才能调动起教师们的积极性呢？

在办公会上，张国华把自己的想法做了汇报，教育局一班人深表认同。大家七嘴八舌，很快就碰撞出了一个颇具创意的思路："既然我们自己没有力量把培训组织好，那就外包出去，让有能力的人来做，我们购买培训服务。"

为了尽快提高培训效益，2005 年，《关于深化教育培训管理体制改革的意见》颁布，潍坊市教育局引入市场机制，鼓励社会机构介入师资培训市场，这标志着教育局购买培训服务正式开始。改革的主旨，就是要变教师培训的"独家经营"为多家竞争经营，变单一行政指令性培训为双向选择式培训。

■ 培训券开启"购买服务"新机制

面对已有几十家培训公司在做教育培训业务的潍坊师资培训市场，教育局一一甄别、审查，最后，潍坊求真中小学教师培训中心、潍坊现代教育师训干训中心、山东－巴伐利亚职教师资培训中心等六家教师培训机构脱颖而出，获得了潍坊市的"师训市场准入证"。此举改变了培训机构由教

既然我们自己没有力量把培训组织好，那就外包出去，让有能力的人来做，我们购买培训服务。

教科院师训中心市级必训人员继续教育培训券（存根）

编号：060001

姓名		性别		年龄		培训日期	2006/*/*－/*/*.
县市区		工作单位				培训学时	

培训内容：**潍坊市第一期农村小学校长研修班**

1.小班化教育的实践与研究 □	2.新课程背景下的教师合作 □	参训教师（签字）
3.赏识教育的深化研究 □	4.新课程背景下的学校常规管理/参观学校 □	
5."零距离管理" □	6.让制度守望学校 □	
7.我的管理实践与思考 □	8.校本教研与教师的专业成长 □	2006 年 月 日

（盖 章）

教科院师训中心市级必训人员继续教育培训券

编号：060001

姓名		性别		年龄		培训日期	2006/*/*－/*/*
县市区		工作单位				培训学时	

小小一张培训券引来了市场的源头活水，改变了原来教育培训低效甚至无效的局面。

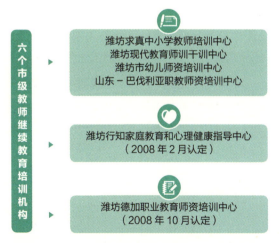

六个市级教师继续教育培训机构

潍坊求真中小学教师培训中心
潍坊现代教育师训干训中心
潍坊市幼儿师资培训中心
山东－巴伐利亚职教师资培训中心

潍坊行知家庭教育和心理健康指导中心
（2008 年 2 月认定）

潍坊德加职业教育师资培训中心
（2008 年 10 月认定）

获得市场准入的六个市级教师继续教育培训机构

育主管部门独家垄断的局面，全市教育培训竞争格局基本形成。

市场搭建起来了，并非万事大吉。市场如何监管，各个培训机构的培训水平如何评价，怎样建立不良培训机构的退出机制，都是需要关注的大事。

这项改革的核心标志是培训券制度的推出。教师接受培训后，由培训机构为其发放培训券。培训券上注明培训内容、学时、满意度等，参训者对培训认可签字后，一式两份分别交市、县（市）、区教育行政部门。

■ 培训券形成良性竞争新局面

一张培训券很薄，却承载着丰富的信息，牵动着各方利益。

对培训机构来说，自己发出的培训券数量多寡决定着自己的经济收益；对教师来说，培训券就是自己的继续教育学分；对教育局来说，培训券是评价考核培训机构服务质量、监管培训市场的利器。

也就是说，运作上，确保竞争格局的良性运转，厘清行政部门、培训机构和教师三方的责、权、利，市教育局每年依据校长和教师的培训学时，发放培训券，学习内容和时间均由受训者自主确定，培训机构则针对不同对象，分别进行需求调查，再依据市场需求设置课程，然后将各自的课程计划公之于众，供受训者网上自由选报。每年年终，每家机构凭培训券存根，向受训者所在的区县教育局兑换经费。

小小的一张培训券发挥了市场调节功能，形成了良性竞争的局面，教师培训的"计划经济"体制被彻底击碎，"公共食堂"变成了种类繁多的"自助餐厅"，学校和老师们终于有了选择课程的自由。老师们对待培训的心态变了，培训满意度迅速飙升：由改革前的55.2%提高到96.3%。安丘市凌河镇是远离潍坊市区的一个农业镇。过去，教师培训都是在安丘市教师进修学校指定地点学习指定课程。即便对培训没兴趣，教师也须参加。改革后，凌河镇中心校校长张宝成说，现在他可根据自己的兴趣、时间自由选择学习内容，所以几次培训后，不仅感觉视野宽了，而且盼着能多参加这样的培训。其实，在潍坊10多万教师中，与张宝成有相似感受的，还为数不少。

教育局一方面根据培训券数量，定期向培训机构支付培训经费；另一方面，把教师手中的培训券换算成相应的学分，记入教师继续教育档案。

过去有培训会议是派人去，大家当作一个任务来完成。现在只要有机会，老师们都到我这里主动争取去参加。

潍坊一中的于允锋校长说："过去有培训会议是派人去，大家当作一个任务来完成。现在只要有机会，老师们都到我这里主动争取去参加，这种态度的变化，是培训效果最直接的反映。"

毫无疑问，"购买服务"在师资培训中的成功试验，给了潍坊市教育局更大的反思空间。因为，长期以来，教师培训是社会迫切需要、教育局自身又干不好、干不了的事情，但通过"购买服务"，教师获得了更专业、更贴近需求的培训，社会专业机构帮助教育局较好地履行了职责。

 成果

① 2008 年 1 月，山东素质教育论坛——教师专业发展分论坛上，潍坊市教育局做了题为"立足体制创新　注重培训实效　扎实开展教师培训"的典型发言。烟台市教育局考察团专程来潍学习考察初中学校开展校本培训与教师专业发展经验。

② 2008 年 3 月，《加强名师队伍建设　促进教育健康发展》在《当代教育论坛》上发表。

③ 2008 年 4 月，《中小学教师培训》以"打造学校品牌　构建和谐学校"的题目宣传潍坊市的中小学校长论坛。

④ 2008 年 4 月，山东省教育科学"十五"规划教师教育类省级重点课题"中小学教师培训管理体制研究"圆满结题，并被专家组鉴定为"省内领先水平"。该课题的主要研究成果《现代教师成长：课程、形式、机制　中小学教师培训管理体制研究》一书由中国文联出版社出版。

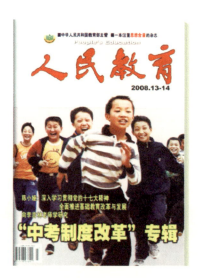

⑤ 2008 年 7 月，《中国教育报》以题为"特级教师评选向一线教师倾斜"的文章对潍坊市建立中小学名师工作室引领教师专业成长的典型做法进行了宣传。

⑥ 2008 年 8 月，《人民教育》刊发题为"把培训自主权还给教师"的文章，专门推广潍坊市教师培训的先进做法。

⑦ 2008 年 8 月，《潍坊日报》对潍坊市 2008 年暑期高中教师全员培训情况做了题为"我市投入 200 万元首次对教师进行远程培训"的专题报道。

⑧ 2008 年 10 月，在 2008 年山东省教育国际交流与合作工作会上做典型发言。

⑨ 2008 年 11 月，在山东省教师教育学会第 18 次学术年会上做题为"狠抓课改培训　提高教师素质"的典型发言。

⑩ 2008 年 11 月，《潍坊晚报》刊发题为"中小学名师名校长工程实施"的报道。

……

2 项目管理：聚集全社会资源破解难题

■ 建立重点工作项目管理制度

2008 年盛夏，张国华局长应邀为潍坊市委组织部全体人员做了一场关于实施项目管理的专场报告。

"长期以来，我们行政机关实行的都是领导分工负责制，这使人们各司其职、各负其责、各尽其力，职、责、权明确而统一。这种传统的条块管理模式，讲各在其位、各谋其政、各负其责。但有些工作的事权是很难界定的，也不是单个部门所能完成的，这就会带来管理上的盲点和模糊区，导致不少事无人做，也做不好，这样自然会制约教育事业的发展。新形势下，以社会需求为导向，转变教育职能，建设服务型政府，更生发出了太多的社会有需求，而教育部门却又无人做、也做不好的服务事项，急待研究解决。项目管理为破解这一难题，有效解决该办多少事就办多少事的突出矛盾，提供了现实可能。项目管理以问题为纽带（需要解决什么问题就确立什么项目），可以有效聚合各有关部门的相关职能，越层级、跨部室组建攻关团队，可以汇集全国各行各业的专家资源破解难题。"张国华局长说。

项目管理计划书

项目管理是如何进行的呢？

首先，项目立项。

项目立项是项目管理的基础，需要抓住真问题、关键问题，需要合理组建团队，并严把评审关，做到科学合理。

一是问题筛选。项目所要解决的问题来自于多个方面，有人民群众通过教育惠民服务中心反映的难点问题，有专家学者关注的热点问题，有市委、市政府和教育局列入年度要点的重点问题。通过对问题进行梳理，遴选出最需要解决的问题进行立项。

二是招标立项。确立需要解决的关键问题之后，面向全局公开招标，组建研究团队，制定包括项目名称、实施团队、解决的主要问题、达成目标和标志性成果、达标措施等内容的"项目管理计划书"。

三是专家评审。市教育局邀请各个层面的专家，成立项目管理委员会，并由项目管理委员会对项目进行立项评审。评审专家根据项目计划书的内容进行深入系统的分析论证，指出存在的问题，提出有针对性的意见、建议。

各项目组根据专家意见对项目管理计划书进行修改和完善，然后正式立项，结集印发《项目管理计划书》，进入执行环节。

其次，组建团队。

项目团队是完成项目的关键因素，优化人才资源配置是项目管理的显著特征。项目团队可以跨科室、部门、行业、地域组建，把有利于项目推进的人力、智力全部聚集过来，解决单纯依靠教育部门自身力量解决不了、解决不好的重要事项。

一是常规团队。项目组长由分管领导直接担任，以核心科室为主，跨相关科室、基层教育局或学校相关人员，组成常规项目团队。

二是专家团队。每个项目都要聘请相关领域的知名专家，借助专家力量提升项目，同时把专家引领的过程变成学习提高的过程。

三是团队经费保障。项目实行经费单独预算制度，主要用于聘请专家、外出学习、调查研究等。项目组长享有资金支配权，可以根据项目的进度跟进资金，真正做到"钱随事走"，从而使资金发挥出最大效益。

再次，项目推进。

项目推进是项目管理的关键环节，要注重过程管理，抓好项目推进，这样才能将项目管理工作落到实处。

一是过程管控。项目一般以一年为周期，要分阶段确定工作目标和任务。项目组长每个月至少要召开一次项目调度会，总结工作，查找问题，同时厘清思路，明确任务。

二是中期改善。每年在7月份定期组织项目管理委员会专家对全部项目进行点评，对项目进展进行全面了解，并根据实际情况进行改善和确认，保证项目可持续推进。

三是全程督查。项目在实施过程中，由督查室通过专项督查、印发通报等形式进行追踪监督，并实行月报告、季通报；利用宣传栏对项目进行业绩展评，并将展示情况作为项目考核评价的重要依据。

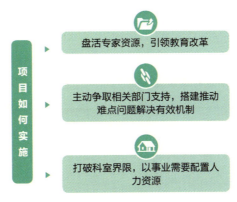

项目实施过程

项目如何实施
- 盘活专家资源，引领教育改革
- 主动争取相关部门支持，搭建推动难点问题解决有效机制
- 打破科室界限，以事业需要配置人力资源

潍坊市教育局督查管理系统

重点项目管理系统 欢迎您：马全铭 | 当前年份 2015年 ▼ | 退出

| 首页 | 报表 | 督查通报 |

信息公布：业绩展示　文件通知　表格模板

业绩展示：市教育局被国家六部委联合表彰为全国职业教育先进单位　2014年度局重点工作项目考核结果

科室（单位）	督查事项								统计	
	重点项目(24)	完成情况(0)	重点工作(663)	完成情况(17)	会议确定事项(150)	完成情况(115)	领导批件(158)	完成情况(121)	督查事项(995)	完成情况(253)
办公室（党总支、教育工会）	2	0	32	0	13	12	3	3	50	15
组织人事科	1	0	54	0	15	9	10	8	80	17
规划财务科	1	0	6	0	10	8	8	8	25	16
审计科（校建办）	2	0	14	0	12	8	9	6	37	14
基础教育科	1	0	20	0	14	7	30	23	65	30
学前教育科	1	0	6	0	1	1	7	6	15	7
教师工作科	1	0	6	0	9	7	16	10	32	17
职成教科	1	0	11	0	9	5	8	5	29	10
民办教育科	1	0	11	0	3	3	8	4	23	7
体卫艺科	1	0	9	0	4	3	5	5	19	8
教育督导室	1	0	7	0	5	5	2	1	15	6
监察室	1	0	19	0	12	11	2	2	34	13
学校安全工作科	1	0	2	0	10	9	7	6	20	15
高等教育科	1	0	9	0	6	4	8	3	24	7
教育惠民服务中心	1	0	4	0	7	5	24	23	36	28
市招生考试办公室	1	0	25	0	4	4	2	1	32	5
市实验教学研究中心	1	0	48	5	1	1	0	0	50	6
市教育科学研究院	2	0	155	0	3	2	5	4	165	6
市电化教育馆	1	0	98	0	2	2	2	2	103	4

以项目为抓手，打破条块分割和科室藩篱

最后，项目评结。

项目结题与评价是保证项目实施效果的重要环节，也是发现问题、改进工作、激励士气的重要措施。

一是过程性评价。每周五集中学习时间分批对各项目进行展示测评，每季度组织一次项目进展情况通报，半年和年终时组织项目中期测评和年终测评。

二是个性化评价。各项目组围绕项目目标达成度、盘活专家资源、标志性成果等方面，设定项目个性化考核指标，年终综合测评时作为自评内容，经第三方专家审验公示后纳入测评成绩。

三是多元化评价。考核的最终结果包含项目过程性评价、中期测评、年终测评、实证材料验证评价、加分项目等指标的评价，避免单一评价的偶然性。引入第三方机构参与项目考核工作，最大限度地保证考核结果的公正性和科学性。

四是结果使用。项目考核结果纳入科室和个人年终考核，作为评价科室、单位和个人的重要依据。对每个项目按照考核情况确定为"优秀、良好、一般"等级，对产生显著效益和重要社会影响的项目授予"突出贡献奖"，对有重大工作创新的项目授予"工作创新奖"，对在实施过程中违反"承诺目标"的项目印发通报，进行"黄牌警告"。

潍坊市教育局自2004年起开始探索实施项目管理。经过近几年的探索实践，项目管理已经成为局机关推动全局工作最主要、最有力的抓手和推动力量，对于破解制约事业发展的重点、热点、难点问题，促进和保障全市教育事业的持续、协调、健康发展发挥了巨大作用。

■ 项目管理让重大事项保质保量解决

通过项目管理的方式，打破科室、单位界限，选聘全国最优秀的专家，形成基于项目管理的团队，使得一大批制约教育发展、影响群众满意度的重大事项得到协力解决。

如2010年解决了59个项目：整体推进深化教育体制改革试点工作；建立突发公共事件应急体系；加快构建现代学校制度……

如2011年解决了31个项目：深化高中课程改革，促进高中学校特色化办学；构建潍坊特色的义务教育均衡发展模式；建立与普惠性要求相适应的学前教育管理体制；深化中小学教师职称改革试点……

更令人振奋的是，为破解发展难题，近年来潍坊市教育局依托项目管理赢得了高端研究机构的资源支持：与教育部基础教育课程教材发展中心合作建设国家素质教育示范实验区，与中国教育政策研究院合作发展有质量的学前教育，与国家职业教育研究院和台湾海峡两岸教育交流促进协会合作建设现代职业教育体系，与当代教育家研究院和潍坊学院教师教育学院合作打造专业化校长教师队伍。借助国内外高层次研究力量，破解制约潍坊教育改革发展的体制机制性障碍，加快国内教育最新研究成果的引进、消化、吸收和创新，保持了潍坊教育的先进性。

为了提升潍坊教育现代化、国际化水平，潍坊市最近启动了引进知名校长管理团队项目，力争面向国内外高薪聘请10个左右知名校长和管理团队，并通过直接聘任校长、委托管理、参股合作等形式参与办学，依托知名校长在潍坊集聚办学，办出优质高端教育，引领、辐射、带动全市教育现代化、国际化水平的提升。

■ 项目管理就是资源管理

从某种程度上说，项目管理就是资源管理。面对国家教育行政学院组织的潍坊学习班成员，张国华局长阐述了他关于如何借助项目管理汇集教育资源的思想：

"教育事业是全社会的事业，涉及全社会的每个成员，而不单纯是教育部门一家或者某个学校的事情。要想办好教育，落实教育优先发展战略地位，需要盘活各方面的资源，依靠社会方方面面的支持与配合。现在实施素质教育，重视人的全面发展，原来的单打独斗、万事不求人的做法无法适应当前发展需求。所以，发挥社会方方面面的力量，引导全社会关心、支持、指导、帮助教育发展，既是新形势、新任务对教育部门工作提出的新要求，实际上也是社会各界的强烈意愿。我们实施项目管理，就是通过一个一个的项目，来探索如何将这些资源唤醒、激活，并在此基础上使之制度化、机制化、常态化。"

潍坊的实践表明，可以从以下几个方面来实现项目的资源管理。

首先，要开发利用好各级党政部门资源，推进项目实施。

党政部门的资源，主要是政策资源、决策资源、人才智慧资源，好多先进的、主导性的资源都在党政部门那里。过去，教育主管部门注重与人、财、物密切相关的部门联系，而且注意力主要集中在索取上，而不是让他们参与进来。其实，每个党政专业部门都聚集了大量优秀的人才与智慧。

组织部门有干部选拔、管理、任用的智慧，教育主管部门可以借鉴他们的技术操作方法来管理校长；公、检、法、综合治理、行政执法、安监等，都是有关安全稳定、预防学生违法犯罪、校园周边环境综合治理的专业部门，他们既有管理智慧，又有人、财、物资源可供使用；工青妇、民政、体育、卫生、文化都有支持教育发展的具体责任；甚至原来看似没有多少关系的一些部门，如发改委、经贸、信息产业、科技局、台办等，也都有教育项目或教育主管部门需要的资源：发改委有职教项目，经贸、科技对"产学研"结合有很多用武之地。以前，教育主管部门对信息产业局不了解，其实"数字化潍坊"就是他们在做。他们不仅拥有支持、指导我们建设数字化校园的技术力量，而且有可供教育部门无偿使用的网络资源。前一段时间惠民服务中心一直为教育信息网速度慢、社会影响小而烦恼，结果一沟通才知道他们就主管政府门户网站，可以

　　发挥社会方方面面的力量，引导全社会关心、支持、指导、帮助教育发展，既是新形势、新任务对教育部门工作提出的新要求，实际上也是社会各界的强烈意愿。

无偿提供服务，教育惠民服务中心网站直接挂上去就行，而且人家还求之不得。教育主管部门一直为缺少高水平的信息技术人才发愁，信息产业局就是为各行各业信息化服务的。如果主动寻求他们的支持，教育就可以站在信息化的前沿，这样不但可以节省很多人力、物力，还可大大提高工作水平。

　　领导的重要任务之一，就是发现资源、争取资源、盘活资源。教育主管部门就应该做这些发动、引导、挖掘资源的工作，我们不做，别人做不了；我们不做，别人不会主动给我们做。放弃了这些工作，全社会支持教育发展，促进教育优先发展就是一句空话。

　　其次，要开发运用好全国、全省的教育资源，为项目实施服务。

　　"居高声自远"，站在巨人的肩膀上，更容易获得成功。借力而为，乘势而上，这是加快事业发展的捷径。

　　一是国家、省教育主管部门的资源。这些资源，既是全国、全省的，也是潍坊的，也是教育项目的。谁争取到了，谁就拥有了率先发展、优先发展的机会与条件。这些支持，可以是物质支持，也可以是精神支持、智力支持、信息支持、信心支持等。他们的支持可以使潍坊教育的视野更开阔，水平境界更高，能力更强。

　　二是全国、全省的专家资源。先进的理念，成功的经验，很多都在全国、全省的专家那里。因此，实施项目管理必须把吸收全国、全省专家参与，争取上级教育部门支持、指导，作为重要目标；把如何发挥专家的引领作用，作为考核评价的主要内容。

　　潍坊教育不仅要依靠专家帮助破解难题，更要依靠专家帮助带队伍，把更多的人培养成专家，实现境界追求和思维方式的新提升。善于开发运用全国资源，就是潍坊教育最重要的经验和智慧。潍坊教育的许多工作之所以步入先进行列，善于与全国、全省一流专家交流互动是一个重要原因。

　　再次，要开发利用好教育系统内部的资源。

　　实行项目管理是以问题为纽带组织的攻关活动，要求每一个项目主管必须围绕所要解决的问题打破原来科室、单位的界限，将有关科室、单位有利于问题解决的人吸纳进来，组建一个真正解决问题的研究团队。这种来自教育系统内部不同方面人员的组合，因为思维方式、看问题视角的不同，更有利于产生思维碰撞，形成创新想法，从而更好地解决问题。项目团队的组建实行双向选择。常务主管可以选择研究团队，每一个工作人员也要根据自己的研究特长认领项目。同时，项目团队的组建中，要吸引市内各级各类学校中的专家资源，参与到我们的重点工作项目中来。

最后，要建立并完善项目立项、监督和激励机制。

潍坊把开发利用全国、全省资源，开发利用教育系统内的部门资源作为考核评价项目成效的重要内容。其中，把各科室、单位参与其他科室、单位牵头解决问题的表现情况，在项目考核中列出不少于三分之一到四分之一的分值。这成为打破科室壁垒的一种长效机制，激励着不同科室、单位人员因项目而"跨界"参与，形成了良好的参与氛围，获得了良好的效果。零散的做法只有形成了稳定的机制，才具有长久的生命力，并能获得 1+1>2 的整体效益。

3 | 民办教育发展：提供师资吸纳民间投资

2006 年，潍坊的教育改革在全国已经声名鹊起，但所辖的坊子区却是"高地上的洼地"：坊子的学生放着身边的学校不上，纷纷跑到外地去读书，不仅城里的孩子朝中心区走，乡下的孩子也朝周边的县市走。

为什么？这个问题让时任坊子区区委书记的丁志伟犯了难。于是，他请来市教育局局长张国华，帮助分析坊子区教育落后的原因，商讨治本之策。

■ 招贤引资

要办一所好学校，首先得有一个好校长。求贤若渴的坊子区领导几顾茅庐，从外地请来一位办学思路很新、很有办法的校长高峰。高峰同意到坊子办学，但提出一个先决条件：学校怎么办，得我说了算！只要不违规，教育局和其他有关方面不得干涉！坊

子区的领导毫不犹豫地一口答应。

新学校的校址，区里选择了一处荒废的职业学校。校舍改造资金没有门路，丁志伟找企业家商量，没想到和企业家一拍即合。热心教育、对企业发展也很有眼光的民营企业家、天同宏基房地产公司董事长卞学祥，为坊子这所新建学校一次投入 600 万元，后来又陆续投资，先后投入 4000 多万元。

■ 突破产权屏障

学校的名字也有了，就叫北海双语学校；不料，又遇到了"产权屏障"。原先的校园，尽管荒废多年，满目疮痍，却是公有资产。既然是公有资产，民营企业掺和进来，哪能没有顾虑。把公有资产归到企业名下吧，又有公有资产流失之嫌。好端端的一

> 张国华局长建议：别的地方都在搞教育均衡，坊子的当务之急是建一所好学校，先打破现有低水平的教育均衡，才有出路。

档子事儿，就卡在了产权上。开学在即，新学校办"出生证"却一波三折。

关键时刻，丁志伟托人请教北京的一位法学专家。法学专家一槌定音：学校这块资产，可以既不是政府的，也不是开发商的，干脆将资产放在学校名下，定性"社会公益资产"！

翻开法学辞典，产权分为占有权、使用权、收益权、处置权四个层次。坊子的做法就是将前三项权利，悉数让给学校，政府只保留了一个最终处置权。万一学校有个三长两短，由政府临机处置，和投资方按虚拟的股份制析分校产。只要学校存续，这块资产就铁定了是社会公益资产。一个看似绕不过去的难题，就这样被一举突破。

■ 创新办学体制

综观国内的学校，只有公办和民办两种产权形式。北海双语学校的"出生证"上虽然也是民办学校（因为现行政策框架中没有第三种形态之说），实际上却打破了这种非公即私的"二元结构"，首创了第三种产权形态——"社会公益资产"。这无疑是办学体制和产权制度上的重大创新。

一份坊子区教育局和投资方——天同宏基房地产公司签订的协议书上面白纸黑字，规定得清清楚楚，北海双语学校实行董事会领导下的校长负责制。无论是教育局还是投资方，一概不能直接介入学校的日常管理；董事会管学校的重大事宜，如聘任和解聘校长、审查和批准学校的预决算等。学校日常的管理，一切由校长说了算！

这样的制度设计，使北海双语学校从呱呱坠地的那一天起，就摆脱了权力的绝对控制，也摆脱了资本的绝对控制，校长有了高度的办学自主权！而这，正是眼下国内几乎所有公办学校和民办学校都缺失的。一个好制度，再加上一个早已被证明是办学有方的校长，注定了这所新学校的光明前景。

民办教育是教育事业的重要组成部分，然而，好多辉煌一时的民办学校为什么昙花一现？如果收费过高，百姓难以支撑；收费过低，学校难以运转，而民间资本同时又难以进入教育市场。如何破解这两难境地？民办教育也是社会公益事业，政府必须给予大力支持。如何支持？

除了鼓励发展混合制民办教育，大力支持各类办学主体通过独资、合资、合作、股份制等方式举办民办教育，潍坊还有更诱人的鼓励举措。那就是坚持政府为非营利性民办中小学提供师资扶持的政策措施，选派公办教师到非营利性民办中小学任教。经组织同意到非营利性民办学校工作的公办学校校长、教师，其原有公办教师身份和档案关系不变，退休时执行公办学校教职工退休待遇。具有教师资格、参加人事代理的非营利性民办学校自聘教师被聘用为公办学校在编教师的，其在非营利性民办学校期间的工龄、教龄可按规定连续计算。

此举促成了非营利性民办中小学"社会

投资建校、政府支持师资、收费保障运转、部门协调监管、资产学校所有"的民办教育发展体制。

■ 一渠水引来万泉河

2007 年至今，潍坊市财政用 7.3 亿元支付民办学校教师工资福利，吸引了超百亿元的民间投资，增加 10 万多个优质学位。义务教育阶段民办学校达到 40 所，基本实现"公办不择校，择校找民校"；形成了企事业单位、集体、社会团体办学，公民个人参入办学，个人独资、股份制、合作办学等办学形式并存、互为补充、共同发展的格局，

产生了潍坊市昌乐二中等一批在全国有影响力的民办教育学校。

坊子区的那所北海双语学校受益于潍坊市的民办教育政策，不但本校区成为一所优质学校，而且还主动与全区一批薄弱学校结盟，引领全坊子区教育走上均衡发展之路。

在全国教育界都颇有名气的教育专家、潍坊教科院原副院长潘永庆，组织 30 多位专家对坊子区的全部中小学进行了为期 3 年的观察和评估后得出结论：坊子区已经成为潍坊基础教育最具活力、整体上校长办学理念和教师教学理念最先进、城乡教育均衡化程度最高的地区之一。

社会参与
公共治理

1　学生和家长参与满意度测评　　5　成立学校理事会

2　创新教育管理评估中心　　　　6　建立家长委员会制度

3　成立教育督导巡视团　　　　　7　建立记者和舆论监督制度

4　组织第三方听证会

满意度测评现场

师德考评制度建设听证会现场

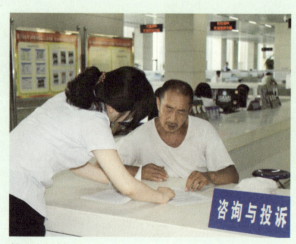

帮助家长解决问题

咨询工作现场

　　"你好，我是潍坊市社情民意调查中心的调查员，我们正在对教育工作群众满意度进行电话随机调查。您对您孩子所在的学校满意吗？您对您孩子的班主任满意吗？"

　　2012 年 10 月 23 日上午 9 时许，潍坊市统计局社情民意调查中心电话访问站的一号监听室内，安丘市、峡山区的教育满意度电话随机调查正在这里进行。监听室内分别坐着安丘市、峡山区教育局分管副局长、主管科室科长、中小学各阶段 3 名学校校长代表，他们正在对自己市的教育满意程度进行仔细收听并记录。潍坊市教育局人事科科长和社情民意调查中心相关负责人也在一旁监听并记录。

　　为了保证调查的公平公正，潍坊市教育局委托社情民意调查中心进行调查。社情民意调查中心作为独立的第三方机构，随机抽取孩子家长进行满意度调查。

　　第三方机构参与教育监督和治理，是潍坊市教育局在搭建公共服务平台的同时，建立起的公共监督新机制。

1 | 学生和家长参与满意度测评

潍坊市教育局出台的《关于在全市中小学校（中等职业学校）加快建立育人为本基本制度的通知》，要求全市学校建立健全包括师德考核评议制度和全市统一的学校满意度、师德考核信息库在内的 12 项育人为本的基本制度，目的在于动员和调动广大教师积极参与落实"育人为本、安全优先、促进公平、强化服务"的要求。

把对教师的满意度评价纳入教师的师德考核是潍坊市教育局的新举措。家长的满意度甚至可以影响和左右教师的去留。潍坊市每学期组织家长、学生对教师进行一次考核，全市 87000 名教师概莫能外。市级以上的评优，师德达不到优秀者，一票否决；不满意率达到三分之一者，为不合格；连续两次不合格者，必须调离教师岗位。

满意度评价不仅针对老师，也针对校长。

潍坊考评校长、认定校长职级时，教职工评价、家长评价、学生评价的权重占到了 40%。这种评价导向，让校长变眼睛朝上为眼睛向下，变对上负责为对下负责，对学校的每一个学生、老师负责。

作为探索学校考评新机制的一项内容，潍坊市对学校各项工作满意度随机调查，用满意率取代升学率，改革的力度可见一斑。学校各项工作调查指标包括：学校整体办学、班主任管理、任课教师教学、学校后勤服务以及学生身心发展等方面。

满意度高低与学校、校长、教师切身利益密切相关，因此，满意度调查是否做到公开、公正、公平尤为重要。

为此，潍坊市教育局委托第三方——潍坊市社情民意调查中心进行测评，确定调查时间后，通过各大媒体向全市家长、学生通告，调查过程向全市公开。这就保证了满意度随机测评结果客观公正。

同时，重视调查结果的使用。每学期满意度调查结束后，教育部门逐校、逐项做出分析，并将结果通报学校，由学校逐项落实整改存在的问题。各县（市）区均建立起对满意度达不到 85% 的学校以及末位学校校长的谈话、诫勉、免职等制度。

如何将满意度调查与师德考核挂钩？潍坊改革了师德考核办法。

01
建立挂钩机制

将满意度调查结果与师德考核"优秀"比例挂钩。办学满意度 100% 的学校，师德优秀等次人数为教职工总数的 60%；满意度在 85%（含 85%）以下的学校，师德优秀等次人数为教职工总数的 30%；满意度 85% 以上的学校，每提高 1 个百分点，师德优秀等次指标在教职工总数 30% 的基础上增加 2 个百分点。

02
学校自主实施

师德考核由学校自主实施，坚持一校一案，细化师德考核标准、程序。学校师德考核方案须交教职工代表大会或全体教职工会议审议通过，使不同学段、不同类别学校的方案更具针对性和可操作性。

03
师德前置审核

建立全市学校满意度测评和师德考核信息库，教育部门开展各项"评先树优"活动，教师参评市级以上荣誉称号、职称晋升等，都要实施"评先树优"师德前置审核制度，非师德优秀者不得参评。

让学生和家长等利益相关者参与学校管理与评价，使过去一些难以克服和规范的损害学生利益和妨害学生健康发展的难点问题得到有效解决，增强了学校和教师实施素质教育的自觉性和内驱力，使满足每一个学生的成长需求和办好群众满意的教育成为共同的价值追求。

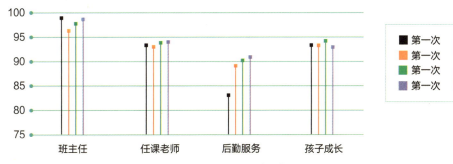

■ 第一次
■ 第一次
■ 第一次
■ 第一次

潍坊一中最近四次满意度评价结果（％）

2 | 创新教育管理评估中心

2010 年起，通过"契约"购买服务的方式，引进社会中介组织——潍坊创新教育管理评估中心等多家评价机构，对学校办学水平和教育质量进行全面评估，最终给予学校相对客观公正的评价结果，有效解决了教育行政部门职权不分、责任不明、公信力受质疑的问题。

潍坊市积极开放教育市场，把专业领域的事交由专家去办，用独立保障公平，用专业引领发展。

2013 年 4 月，在潍坊市首届特级校长评选中，潍坊市教育局将评审全部委托第三方——上海当代教育家研究院具体实施。第三方从上海、北京、江苏、浙江等地聘请了 16 位知名校长、教育专家，通过演讲答辩、进校调研评价、办学业绩和专业素养评定、教职工认可度评议、学生和家长满意度评议、业内同行评议等程序评出最终结果。这样，潍坊市教育局轻轻松松、清清爽爽，既绕开了教育行政部门"既当运动员，又是裁判员"的弊端，又为校长们搭建了阳光、公正、公开的参选平台，让参评主体与社会心服口服。

学校办得好不好，评价是个"指挥棒"。有什么样的评价，就会有什么样的导向，就会产生什么样的教育。如果学校的评价权被攥在教育部门手中，学校还得对教育局"唯命是从"。潍坊市教育局书记徐友礼对此有个很形象的比喻：评价主体不变，教育局左手放出去的权力，右手又拿了回来。

教育局不评价学校，学校自己评自己也不合适，那怎么办？让独立于教育局和学校的第三方，对学校进行评价！潍坊在坊子区全面推开以购买服务的方式，委托权威中介机构——潍坊市创新教育管理评估中心，对学校进行测评。

> 评价主体不变，教育局左手放出去的权力，右手又拿了回来。

第三方评价，评出了百舸争流的局面。坊子区索性将全区45所学校"一网打尽"，全部委托第三方进行评价。这样一来，学校也不再只围着教育局的指挥棒转了。坊子区四大教育联盟以外的区实验学校，原先是区直学校的"老大"。后来，被后起之秀北海双语学校赶超。经过一番卧薪尝胆，今年区实验学校异军突起，又夺回了第一。

当下，第三方评价本身也在改革和完善中。坊子区教育局与潍坊市创新教育研究评估中心积极沟通，采纳专家和学校的意见，对第三方评价的方法进行优化，一个常规评价加办学特色的评价方法出炉了。

有意思的是，坊子区办学实行第三方评价后，教育局的各科室不但没有了评价学校的权力，而且反过来成了学校评价的对象。从2009年开始，坊子区教育局一年组织一次校长评科长，16个科室的科长把科室一年来的工作情况制作成课件，面对校长述职，校长们当场无记名投票、打分，评出一、二、三等奖。校长评科长，促使政府机关转型，把学校当成自己的服务对象，而不是管制对象。

潍坊有名的教育专家、潍坊创新教育研究评估中心副主任武际成，这样形容坊子区获得办学自主权的校长和老师的精神状态："就像'土改'后农民分得田地一样！"

3 | 成立教育督导巡视团

2008 年，潍坊以购买服务的机制，成立了由德高望重的老校长、老专家组成的教育督导巡视团，专门负责督导学校的办学行为。对督导中发现的违规办学问题由市教育局五个相关科室实行"会商制"，如何处分不是哪个科室、哪个人定。这样的机制切断了"关系链"，冲破了"人情网"，树立了教育部门公正、权威的形象，使许多违规办学的顽症得到了有效解决。

2008 年 12 月 2 日，刚刚从潍坊市教育科学研究院副院长任上退下来的潘永庆起了个大早，简单吃过早餐，便匆忙与一位同事在预定地点汇合。然后，两人坐上一辆出租车，沿宽阔的东风街，径直向北奔去。

按潘永庆的行程安排，这一天的任务是，"偷偷"前往城郊的寒亭一中，对该校的办学行为进行第三次暗访。如果该校对前两次出现的问题仍未整改，潘永庆就会像法院办案一样，对学校违规行为现场取证后，快速离开学校，关闭所有通信设备，并在最短时间内将督查结果送达市教育局。至于如何处罚学校，那是教育局的事情。

其实，过去的两个多月中，这样的突击督察，潘永庆自己都不知道有多少次。而且

更多的纠察，是在清晨四五点钟或晚上九十点钟进行，目的就是从作息时间上暗查学校的办学行为。对于这种纠察，许多学校自然以各种五花八门的变通方式，与之周旋。

事实上，在此之前，潍坊市的教育督导工作，向来是教育局的分内事。一般每学期集中组织一次，时间大多是在开学初或学年末，而且督导前，通知均下达各校。这种督导就好比教育局是教练员，又是裁判员，学校则是运动员，其督察效果可想而知。

为了让督导更加公平公正、效果更为明显，潍坊市教育局毅然采用了购买服务的方式来解决这个问题。

2008 年 10 月，在潍坊市教育局的扶持下，潍坊创新教育管理评估中心（又称教育督导巡视团）成立，中心是在民政局注册，在税务局登记的社会中介机构。潘永庆是中心法人，主要成员是已离职或退休的教育专家、中小学校长、督导专家等。中心主要业务是以第三方的身份参与对学校的督导和评估。

2008 年年底，潍坊市教育局与教育督导巡视团签订《购买教育督导评估和教育投诉事项调查事务服务协议书》，每年出资 30

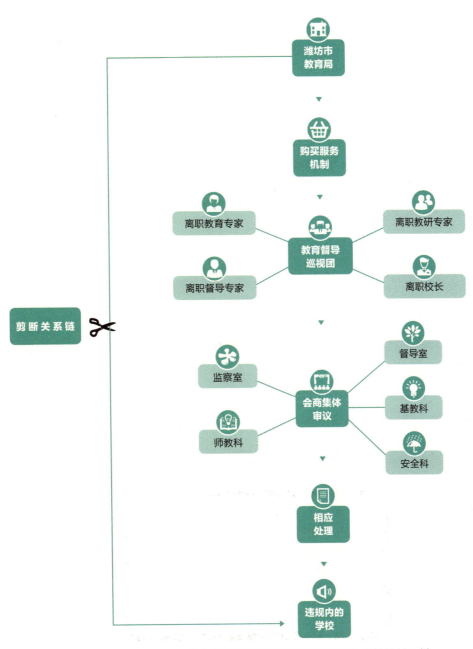

教育督导巡视机制切断教育行政与学校的关系链

万至 50 万元购买教育督导巡视团的督导服务。教育局每年对督导巡视团的服务进行一次评估，视评估情况给予奖励或扣发购买资金。

成员由 20 多名已离职的教育专家、
校长、督导专家、教研能手及
其他管理人员组成

潍坊创新教育
管理评估中心

法人潘永庆

民政局注册

民办非企业单位

教育督导巡视团

教育督导巡视团的组织架构与人员构成

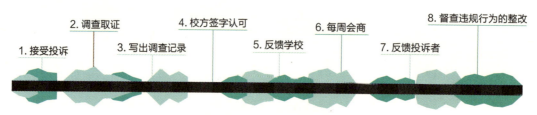

1. 接受投诉　　2. 调查取证　　3. 写出调查记录　　4. 校方签字认可　　5. 反馈学校　　6. 每周会商　　7. 反馈投诉者　　8. 督查违规行为的整改

教育督导巡视团工作流程

潍坊市教育局投诉处理中心网页

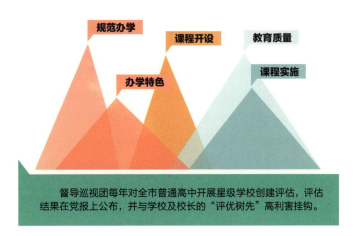

督导巡视团每年对全市普通高中开展星级学校创建评估，评估结果在党报上公布，并与学校及校长的"评优树先"高利害挂钩。

督导巡视团建立了网上查处平台，接受投诉（主要来自市教育惠民服务中心和市长热线等）、批转投诉、登记查处结果、回复结果、统计结果等都在网上进行。

为了保证查处结果的客观公正，除严格按综合督导的"三公"、"三自"、"四禁"原则办事外，还建立了科学的工作程序，即：接受投诉—调查取证—写出翔实的调查记录—校方签字认可—反馈学校（帮助指导学校）—每周会商（由教育局分管领导组织相关科室科长集体对调查结果逐件研究讨论，做出相应的处理决定）—反馈投诉者（由惠民服务中心负责）—督察违规行为的整改情况。

壁立千仞，无欲则刚！"三公"、"三自"、"四禁"的原则以及规范的工作程序，确立了督导巡视团的公正性、权威性，不仅为进一步的工作带来了便利，也使督导巡视团的督导报告更让人信服。

此外，受教育局委托，督导巡视团每年对全市普通高中开展以"规范办学、课程开设、课程实施、教育质量、办学特色"为主要内容的星级学校创建评估，评估结果在党报上公布，并与学校及校长的"评优树先"高利害挂钩。这就从根本上改变了单纯用升学率评估普通高中的错误做法，促进了普通高中的多样化、特色化办学，使教育的"管、办、评"分离得以实现。另外，督导巡视团还承担了市直属学校每年一度的评估和坊子区中小学校一年一度的评估服务。

从此，潍坊教育系统全面构建起了以"政府主导、社会参与、随访督查、责任追究"为主要内容的规范办学行为督导工作体系，从根本上解决了加重学生课业负担、侵害学生合法权益等学校违规办学现象，保障和促进全市中小学进入全面实施素质教育的良好状态。

4 | 组织第三方听证会

　　"凡是出台与学生、教师、家长切身利益相关的政策，都经过第三方组织的听证会，讨论后才能施行。"2013年年初，潍坊市教育局出台的这项硬性规定，改变了过去地方政策"由科室起草文件、领导集体研究签发"的传统，让局机关的政策制定者听到了社会各界真实的声音。

　　潍坊市通过购买服务的方式，请第三方民间机构承办听证会。整个过程，市教育局回避，完全由第三方组织。一段时间下来，大家发现，社会参与的听证会使潍坊教育新政更接地气，更具有科学性。

　　潍坊市教育局委托潍坊创新教育政策研究院对教育部门拟出台的政策进行事先听证，充分听取校长、教师、家长及社会各界的意见建议，保障决策的科学性；在实施过程中对政策效果进行诊断、反馈，每年至少提出3个事关学校、师生和教育发展且潍坊自身能够解决的重大问题，建立起部门行为的纠偏纠错机制。

　　2013年2月19日，在潍坊一中学术交流中心，《关于进一步完善师德考核工作机制的意见》的师德考评制度建设听证会正在如火如荼地进行。

　　通行的做法是，政府部门要出台一项制度或下发一个文件，往往只限于政府行政系统内部流转、运行，科室起草、领导签发，重要一点的由专题会议或办公会研究决定；而今天，在山东省潍坊市教育局，只要是事关学生、教师、家长切身利益的事情，无论是规章制度的出台，还是政策性文件的下发，都要经过一个利益相关者的听证程序，让利益相关者直接参与到规章制度的制定中来。徐友礼书记把这种管理模式命名为"协商式管理"。

　　由主管部门组织的听证会，来的代表都是辖区学校的相关校长、老师、家长和学

听证会吸纳意见，中央及地方多家媒体对此进行宣传报道

2013 年上半年

出台　　　　　　　　　　　　　　制定

潍坊市教育局文件

潍教字〔2013〕6 号

关于进一步完善师德考评工作机制的意见

各县市区教育局、市属各开发区文教局（教管中心、教管办），各有关直属学校：

我市自 2011 年开展中小学师德考评并作为树优治置审核条件以来，对增强广大教师的自律意识，有效解决学生家长反映的有偿家教、体罚学生等突出问题发挥了重要作用。但是，在具体实施中也发现了一些需要改进和完善的地方。为切实落实学校的办学自主权，增强师德建设的针对性、时效性，经由校长、教师、学生、家长和社会人士参与听证的基础上，现就师德考评相关事宜提出如下意见：
　一、完善师德考核比例的确定机制

潍坊市教育局文件

WFOR-2013-0050004

潍教字〔2013〕11 号

关于印发《潍坊市中小学教师师德考核暂行办法》的通知

各县市区教育局、市属各开发区文教局（教管中心、教管办），各直属学校、学校：
　现将《潍坊市中小学教师师德考核暂行办法》予以印发，请认真遵照执行。

潍坊市教育局
2013 年 7 月 9 日

— 1 —

潍坊市中小学教师师德考核暂行办法

第一章　总则

第一条　为建立健全教育、考核、奖惩、监督相结合的师德建设工作长效机制，努力建设一支师德高尚、素质优良、人民满意的教师队伍，根据《国家中长期教育改革和发展规划纲要（2010-2020 年）》、《国务院关于加强教师队伍建设的意见》（国发〔2012〕41 号）有关精神制定，结合我市实际，制定本办法。

第二条　中小学教师师德考核以邓小平理论、"三个代表"重要思想和科学发展观为指导，以提高教师队伍整体素质为目标，以构建健康和谐师生关系为载体，坚持学校自主、社会参与、民主公开、注重过程的原则。

第三条　本办法适用于全市各级各类全日制中小学校（含中等职业学校）全体教职工。

第二章　学校职责

第四条　成立师德考核工作组，考核工作组由校长负责，成员由校级领导、中层干部和教师代表组成，其中教师代表不得

— 2 —

完善考证办法，规范师德行为

生，领导往那里一坐，代表们是否敢于畅所欲言呢？

与传统的听证会不同的是，这次听证会，潍坊市教育局并没有亲自组织，而是委托了代表社会公共利益的第三方机构——潍坊创新教育政策研究院具体组织实施，潍坊市教育局相关人员则直接退到了听证席位的最后方。

没有了领导带来的"压迫感"，与会代表们就能够畅所欲言了，一些真实的声音也就在会议上发出。

这次听证会的代表共有 15 人。其中 3 名校长代表，分别涉及了高中、初中、小学学段；6 名教师代表既涉及了高中（职业高中）、初中、小学三个学段，又注重了城乡差别，还关注了老、中、青三个年龄段和男女性别；另外还有来自三个学段的 3 名学生家长代表，初中、高中学校的 2 名学生代表和代表社会人士的一名法律工作者。这些代表，都是通过研究院提出代表条件，由各县（市）区根据条件集中推荐的，具有比较广泛的代表性，同时，他们都提前一天拿到了要听证的文件，并已经在所代表的群体中展开了前期论证和意见收集。

"教师师德考核机制的听证，只是我们协商式管理的一个缩影。在此之前，潍坊市教育局的很多行之有效的教育改革创新，都是通过类似的协商式管理完成的。"徐友礼说道。

最令潍坊市教育局机关人员感受到听证价值的是 2013 年 1 月 19 日举行的潍坊市 2013 年"评先树优"表彰项目听证会。

按照原先的计划，潍坊市教育局汇总的需要以市局名义表彰的 2013 年"评先树优"项目达到了 54 项。评先表彰多而乱历来为基层所诟病，潍坊市教育局决策者也清醒地认识到，这么多的表彰项目，在评选和落实过程中，势必加重基层单位的负担。但是，如何让这些表彰事项瘦身呢？

"既然我们设置这些项目是为了推动学校发展、鼓励校长和教师成长，那就让来自基层一线的教育工作者来决定这些评选事项的'去留'！"

一次别开生面的听证会
——记者亲历见证潍坊教育听证制度的诞生

2013 年 2 月 19 日上午 9 点，农历正月初十，春节的气氛还没有完全消退，一场关系全市 10 万名教师"命运"的师德制度听证会，在潍坊一中学术交流中心激烈开场。来自学校、家长、学生及社会人士的 15 名代表在听证会上唇枪舌剑，向师德考评制度"开火"。

对教育制度听证，这事稀奇！记者疑惑间，只听主持人在介绍了听证会注意事项后大声宣布：听证开始！话音刚落，诸城一中校长王克田首先发"难"："'师德 30 条'里有一些属于学校层面直接管辖的行为，比如说老师不上课、迟到等，实际上没有教育局的规范，学校也肯定是严查的；若确实触犯了最严重的这些，才是不合格。"话音刚落，教师代表率先鼓起掌来。

王校长这么大胆，直接抨击"师德 30 条"？原来这次听证是"开门行政"，教育局没有参与组织，而是委托一家代表社会公共利益的第三方机构组织实施，且教育局没有一位领导出席。

这如同给听证会"解禁"，代表们没有了顾虑，意见、建议甚至是批评"一竿子插到底"："'（师德）30 条'比高压线还高，有些很难做到，应删除一些内容。只有特别严重的行为才可以定为不合格。"社会人士代表、北海律师事务所律师赵振玺说。

"我觉得'（师德）30 条'内容可分几个层次：轻微的批评教育，严重的警告，影响恶劣的全市通报。这样容易操作，也不挫伤教师的积极性。"来自临朐县第一实验小学的刘学芝校长提议。

10 点 30 分，听证会集中发言结束。大家意犹未尽，你一言我一语，针对师德内容、方案制定、评定造次、前置审核等关键问题，纷纷发言表达自己的意见。

听证会结束后，青州实验中学教师齐立伟告诉记者："让一线教师参与这种与我们利益直接相关的制度听证，不仅利于制度的制定，更利于全面推行。"

作为"制度起草者"，潍坊市教育局教师教育科科长季文海说，尽管《师德考核意见》（即"师德 30 条"，简称《意见》）进行了广泛的调研，征求了多方意见，通过听证会还是发现了不少不足之处，"听证会效果非常好，代表们提的意见建议很有建设性，我们将把这些进一步充实到《意见》中，力求《意见》更完美"。

据了解，潍坊市从 2011 年起开始进行师德考核，对于解决有偿家教、体罚学生等违背师德的行为问题发挥了很好的作用，但在具体的实施中也发现了一些需要改进和完善的地方。为充分征求相关利益方的意见，市教育局组织了这次特别的听证会。

教师师德考核机制的听证，只是我们协商式管理的一个缩影。在此之前，潍坊市教育局的很多行之有效的教育改革创新，都是通过类似的协商式管理完成的。

于是，同样是委托第三方机构组织，潍坊市教育局相关科室和直属单位全部回避，2013年1月19日，来自基层各个学段、城乡不同学校的11位校长、教师代表，本着表彰能否起到积累创先争优的正能量、是否会把学校和教师导向弄虚作假、是否加重基层负担等原则，对54项表彰项目一一考量，最后的结果是基层工作者们只给保留了10余项非评不可的表彰事项，而砍掉了40多个表彰项目且都给出了理由。

迈出这样的一步，时任潍坊市教育局局长张国华有自己的心得。他说："我们一直在探索如何让我们的部门行政能够符合人民群众的根本利益，能够符合学校、教师、学生和家长的根本需求。我们尝试了很多方式和方法，但只有这种让利益相关者直接参与的协商管理方式，最能实实在在地提升行政决策水平和效益。"

对于潍坊市教育部门探索的利益相关者参与部门行政的"协商式管理"的模式，清华大学从事管理工作的杨艳老师认为，这样一种模式，其价值绝不仅仅在教育领域，而应该更多地拓展到整个的社会管理领域。这一模式抑或成为"部门行政职能转变的一个方向"。

5 | 成立学校理事会

潍坊不仅在民办学校成立了理事会制度，还在部分公办学校实行理事会领导下的校长负责制。这就使校长办学的关注点聚焦到为利益相关者负责的角度上，改变了以往只对上级教育行政部门负责的倾向，也形成了办学的攸关方推动学校可持续发展的合力。

为充分发挥民办学校内部管理体制和运行机制灵活多样的优势，潍坊市建立健全了民办学校董事会（理事会）、行政机构和监事会，形成决策、执行、监督相互独立、相互制约的法人治理结构。董事会（理事会）由举办者或者其他代表、校长、教职工等人员组成。其中三分之二以上的董事或者理事具有 5 年以上教育教学经验。在较大公共财政资金投入的民办学校，董事会（理事会）还有教育行政部门委派的董事参与。

鉴于理事会制度在潍坊市民办教育大发展中释放出的巨大活力，潍坊市在坊子区进行了公办学校理事会制度的探索。

坊子区的学校理事会由学校所在地的家长代表、教师代表、教育专家，教育行政部门代表、学校所在服务社区（村居）的党政代表，人大、政协委员和企业家等组成。理事会根据教育专家提名，聘任校长，监督学校的运行。理事会管学校的重大事宜，学校日常的管理，一切由校长说了算。但是，校长要定期向理事会述职，并且听取他们对重大决策的意见。

学校理事会领导下的校长负责制，使政府教育行政部门转变了职能，从事无巨细地"包揽"但效果却不尽如人意的"泥泞"中解放出来，专注行使行业管理职能。同时，这也让适合做校长的人坐到校长的位

理事会领导下的校长负责制，使校长办学的关注点聚焦到为利益相关者负责的角度上，改变了以往只对上级教育行政部门负责的倾向。

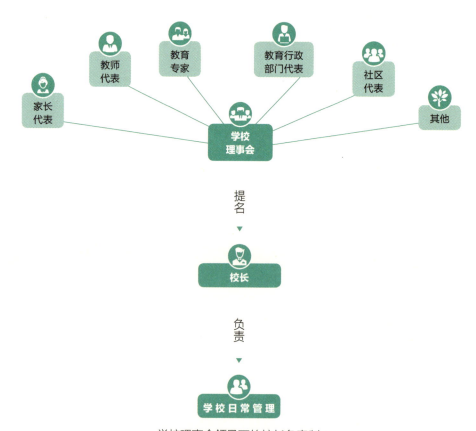

提名 ▼

校长

负责 ▼

学校日常管理

学校理事会领导下的校长负责制

置上，有利于校长按照教育规律办学，强化了学校教育与社会的联系，提升了社区力量参与学校办学的主动性，让学校办学的攸关方形成推动学校可持续发展的合力，推动了教育的社会化进程。

照理，学校坐落在哪个社区，就应当对所在社区的学生、学生家长和社区居民负责。这也是办人民满意的教育的题中应有之义，国际通行，各国皆然。但在我们的公办学校，环顾周边，作为利益相关者的居民，却对社区内的学校一点"话语权"都没有。原因就在于，校长的权力不是社区居民赋予的，而是教育局赋予的。北京一位教育专家愤愤不平地说：学校，难道是为教育局而存在的吗?

有句话说得好，权力只对它的来源负责。只要校长的命运被攥在教育局手里，校长就会继续看局长的脸色行事，对孩子、家长、社区居民负责就很难落到实处。

为了改变这种局面，坊子区教育局把聘

任校长的权力让渡出来，交到社区居民手中，让利益相关者决定校长的聘任。这不仅仅是权力的转移，而且是在实现权力向它的本意回归。社区居民众多，那就聚集他们的精英，建立一个新型的社会组织，让他们代表学校所在社区的居民行使权力，聘任他们中意的校长。坊子区创造性地把这个社会组织建立起来，称之为学校理事会。

■ 凤凰涅槃

第一个成立理事会的凤凰小学，对理事会章程一口气列了9条。其中最关键的一条是：根据教育专家提名，聘任校长，监督学校的运行。这个学校的校长刘之华，是坊子区第一位不由教育局任命的校长。他是按照理事会章程，由学校所在的幸福教育联盟盟主高峰提名，由理事会成员票决后聘用的。刘之华说："一看理事会票决那阵势，我就明白，今后我和学校的命运被攥在谁的手中了。这也让我明白了办学的方向，我以后的办学必须向理事会负责。"

理事可不是谁想当就能当的。理事的产生，有一种协商机制：先成立一个筹委会，协商出一个名单，名单的人选多于理事的人数，然后选举产生理事。凤凰小学的13名理事，就是从26名候选人中选出来的。

理事会有学校所在地的家长代表、教师代表、教育专家，也有街办主任、教育行政部门分管负责人、学校所在服务社区（村

居）的党支部书记，还有区以上人大、政协委员和企业家等，一般为13人或15人。理事长由理事会成员选举产生，原则上由街办主任担任。

学校的"顶头上司"由教育局变为理事会以后，学校出现了一些很有意思的事。

凤凰小学校园内的台阶矮得出奇，大人走在台阶上，感觉迈不开步。校长刘之华说，低年级的孩子步幅小，所以学校里的台阶都改得不超过10厘米。

前宁小学用来呈现孩子写字、画画作品的展示栏，低得大人必须蹲下来才能看清展示栏上的内容。校长刘剑锋解释说，再高了，低年级的孩子就看不见了。

所有联盟学校都有一个不成文的铁律：孩子优先。就连六一儿童节和教师节学校搞活动，区里领导来参加，也是学生坐前排，领导坐后排。

学校以孩子为中心，理事会则以学校为中心。

笔者脑海中有个挥之不去的感人镜头：今年，邓村小学召开理事会，主要议程进行完后，一位家长代表提出了一个让人意想不到的问题：因为学校条件差，青年老师没有宿舍，不好找对象。几位理事会成员一听，齐刷刷地站起来，拍着胸脯对校长说："找不着对象怎么留得住老师？教师宿舍你尽管建，钱，我们凑！"

最让校长提心吊胆的事儿，莫过于暑假孩子的安全问题。邓村小学坐落在潍河之滨，灌渠纵横交错，水塘星罗棋布，那年（2011

一看理事会票决那阵势，我就明白，今后我和学校的命运被攥在谁的手中了。这也让我明白了办学的方向，我以后的办学必须向理事会负责。

年）雨水大，一时沟满河平。教育部门三令五申，学生出了安全问题要撤校长，但是校长就是有三头六臂，也顾不过来。

邓村小学的理事会和家长委员会联席会议一开，家长们都被动员起来了，学生安全，人人有责。学校覆盖的 8 个村，54 处有安全隐患的地方，都拉起了条幅、设立了警示标志。学生上下学必经之路的一座桥上，也加上了护栏。

理事会"接盘"后，教育局从教育活动的微观层面退出，主要负责政策导向、规划布局、资格认证、监督管理等宏观层面。教育局长由无所不管的"大校长"，变成了规则的制定者、平台的搭建者、资源的调配者。

■ **制度创新**

公办学校实行理事会制度，这在全国无疑是首创，但是与中央精神是否一致，坊子区一度也吃不准。他们的对策是，只做不说。2014 年 9 月 10 日，《人民日报》在显要位置发表权威人士的重磅文章，谈到"深入推进行政体制改革和事业单位改革"，一行醒目的文字跃入人们眼帘："重在构建以理事会为中心，决策、执行、监督相互分离、相互制约的新模式。"这让 3 年前就开始"试水"理事会的坊子区惊喜莫名，大家像吃了定心丸！

仔细辨析，不难发现，坊子区学校的理事会，已经具有了"决策、执行、监督相互分离、相互制约"的雏形。在理事会、学校、教育局这个"三角形"中，理事会是决策者，校长是执行者，教育局是监督者。这不就是《国家中长期教育改革和发展规划纲要（2010—2020 年）》中提出的"政校分开管办分离"吗？

6 建立家长委员会制度

2007 年以来，潍坊在广文中学等启动了建立家长委员会（简称家委会）的探索，校级、年级、班级层层设立家委会组织，参与学校管理，反馈家长心声，挖掘家长资源，走进学生课堂，履行参与决策、监督、指导服务等职责，发挥了沟通校外资源、形成教育合力、破解难题等功能。

■ 家委会成员驻校值班

文华国际学校为家委会专设办公室，从家委会中选派家长驻校轮值。轮值家长当面和学生交流谈心，做孩子的"知心爸妈"；电话访谈家长，做家长的"知心朋友"；巡查校园餐厅、宿舍等重点部位，做校园的"知心卫士"；走进教室听课，做教师的"知心家长"。

■ 家长义工发挥指导和服务作用

家长义工们广泛参与到学校的各项活动中。2013 年体育节中，广文中学学生的服装、道具等，有的是家长亲自设计、缝制的，有的是家长帮助租借的。文华国际学校

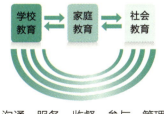

沟通、服务、监督、参与、管理

各级家长会的建构

制定一系列保障家长参与的制度，各级家长委员会成为教育的参与者、支持者、监督者和评价者。

潍坊的所有中小学根据各自实际，充分利用家委会创造了家校合育的力量，也创新了学校管理机制。

的餐厅菜谱，是家委会成员潍坊医学院附属医院营养科金主任亲自指导设计的。同时，学校每个月以班级为单位开展的社会实践活动，都由年级和班级家委会参与策划并组织实施。

潍坊的所有中小学根据各自实际，充分利用家委会创造了家校合育的力量，也创新了学校管理机制。

潍坊广文中学现任家委会会长迟志芳发表在《中国教育报》的《家委会原来有这么多可干的事》，让我们感受到了广文中学家委会参与学校管理的路径。

 链接

家委会原来有这么多可干的事
迟志芬

孩子小学毕业升入广文中学后，我报名参加了班级家委会。后来，经过竞选演说、家长代表投票，我当选为学校家委会会长。

此时，细细揣摩校长在开学典礼上的讲话——"家长的意愿是我们改进工作的重要理由，是学校发展的助推器，要创造属于家长的力量"，我才知道，家委会会长肩上的担子并不轻。

①轮值办公参与学校管理。

家委会是啥？怎么干？一遍遍学习家委会章程，我开始琢磨出了一些眉目：家委会是家长的娘家，是联系家长与学校的桥梁与纽带。我找到了本届家委会工作的切入点——驻校轮值。驻校轮值为家长们提供了了解学校、合理表达诉求、参与学校管理的渠道，也使学校有了展示自我、听取意见、接受监督的可能。

　　参与轮值的家长十分积极。有的家长为了写好轮值报告，进行专项调查、查阅资料、实地走访调研。调研越深入，对学校了解得越多，家长对学校的信赖感、尊重感就越强。轮值报告每周末提交学校，学校办公会都会进行专题研究，家委会成员则根据议题参加会议。2012 年，家委会提交了 41 份轮值报告，被学校采纳建议、意见 11 条。校长高兴地说："家委会成了学校发现问题的第三只眼睛。这些问题我们往往习以为常，而它们恰恰就是制约学校发展的地方。"

　　②亲历子女在校的学习生活。

　　孩子在学校里有 70% 的时间是在课堂里度过的，孩子的感受也多半来自班级。家委会为此提出了"孩子的课堂，我们的课堂"的理念，以班级家委会为主体，常态化开展"聚焦课堂，辅助成长"的家长进课堂行动。

　　班级家委会通过调查走访"摸"情况、座谈交流"聊"情况、走进课堂"看"情况，形成了家长进课堂"三定"制度：定位——进课堂的家长是教师助理，是第一班长；定时——时间上统一组织，提前报名预约，及时调整；定责——家长进课堂时间与学生上学放学时间一致，对晨读、午练、课间纪律、课间活动进行跟踪记录，及时反馈。

　　这一行动调动了家长参与班级建设的积极性，家长亲历子女在校的学习生活，对学校教育教学改革也有了更多的理解和认同。如今，走进广文中学的每间教室，都会发现两三名家长在课堂里认真记着笔记；课间操场上，你也会发现有家长参与课间活动；早读课上，甚至能听到家长领着孩子诵读。家长们说：走进课堂，才真正了解了学校，了解了孩子。

　　③参与开发选修课程。

　　广文中学有"三位一体"的课程体系，包括学科课程、活动课程、特色课程。活动课和特色课注重个性和特色，以便满足更多学生选择和成长需要。由于家长从事不同的行业，有着不同的经历和专业特长，因此，家长也就成了学校开发选修课程的重要资源。

　　于是，学校邀请家长参与了学校社团课程和特色课程开发，内容涉及金融、通信、军事、司法等学校不易开发的领域，其中有多个模块通过了学校课程管委会的审查。家长们授课内容虽各不相同，但共同特点就是，能讲故事、讲案例，贴近学生生活，实践性特别强，深得学生欢迎。期末时，由家长执教的《社交礼仪》《重工机械课程》《地球村英语》等获得了学校社团课、特色课优秀奖。

初试成功，让家长们有了自信。家委会主动请缨，担当学校综合实践活动课的组织者。2011 年 11 月，由我牵头组织了儿子所在年级的"白浪河湿地环保行"。家长们事先徒步考察路线、制定详细应急预案、联系服务用车、协调交警护送，各项工作有条不紊。之后，一个由学校教师开发课程、家委会组织实施的综合实践活动渐渐以各班家委会为单元开展起来。如今，每到周六、周日，潍坊市博物馆、消防队、城市规划艺术馆、工厂、军营里，常常能看到身着广文中学校服的孩子们。

④通过家长沙龙分享教育心得。

家委会还有一个职能就是定期调研、访谈家长，随时了解家长教育动向。

家长沙龙是家长自我成长的平台，一周一次，每次一个专题，周末进行，家长自愿参加。2012 年，家委会组织了 61 期家长沙龙，主持家长沙龙的，有家长、教育专家，还有心理咨询师。大家不仅分享教育心得，破解困惑，而且还萌生了不少活动创意。初一迎六一"告别童年，拥抱青春"主题班会，初二"激励主题班会"都是在家长沙龙上诞生的创意，并由家委会开发和组织实施。如今，这些都已经成了学校的品牌课程。

对家长沙龙上发现的一些教育共性问题，家委会则以开设家长论坛等方式通过讨论来厘清。如今，家长论坛已成了广文中学家长学校的一个重要补充。家委会还通过建立飞信群、QQ 群、博客等，把家长和学校连接起来，使更多优秀的家教经验在这里传播，学校的改革创新在这里传递，孩子的健康成长在这里得到分享。

家委会的工作方法

充分沟通，充分协商，家长和学校就会心连心，想到一起，目标一致。家委会是家长、孩子、学校的桥梁与纽带。

■ 家长成为学校有力的合作者

时杰是潍坊中学的学生家长，也是该校第一届家长委员会的主任。在第一届家委会成立仪式之后的谈论会上，家长委员会的17名委员和学校领导就学生吃早饭、能否带手机入校等问题进行沟通。时杰等家长当场向学校提出各自的建议，学校领导也表示将认真听取、参考采纳家长的建议。"让家长参与学校大事，有什么事家长有地方说了。我们不再是旁观者了，已经成了学校的一员。"时杰说。

事实证明，家长对学校的管理、课程建设越是参与，就越是了解；了解越深，支

家校协商解决问题

家长沙龙与教育部门座谈

班主任与家长代表沟通

家委会是家长、孩子、学校的桥梁与纽带。涉及的问题学校与家委会必须进行协商。

家校合作

家校协商会畅所欲言

家校恳谈会家长发言

家长们畅所欲言、学校坦诚相待，共同为孩子们的成长倾情倾力。

持就越高。

在潍坊潍州路小学,家委会不是摆设,而是真正参与学校教育的有力合作者。

"我们制定了《家委会驻校办公制度》。每天,家委会成员轮流在学校办公,全面参与学校管理,确保家长有知情权、参与权、决策建议权和监督权。"校长王秀芹说。在这里,家长每天听课成为学校常规。家长们还通过QQ群、飞信,根据自己的时间自愿报名,组建了"爱心义工队",每星期轮流到学校志愿服务。对家长反映的问题,学校专门建立了家长意见台账,登记备案,限期解决,进行公示反馈。

学校开放了,家长对学校办学理念、常规活动、教学管理有了深度了解,原先一些对学校不满的声音没有了,而家长对学校的支持度、满意度却明显提升。

目前,潍坊市各级学校均建立了校级、年级、班级三个层面的具有广泛代表的家长委员会,保证了家长对学校办学、管理的监督评价权利。学校家委会每月面向学生和家长通过多种方式征集到的育人问题,可直接送到校长处。学校把这些问题列入教代会,解决了学校育人过程中的实际问题。

7 | 建立记者和舆论监督制度

潍坊还主动邀请记者深入基层学校和教育改革一线,让他们在第一时间倾听第一声音,借助记者的耳目问需于民,问计于民。

建立舆情分析与监督制度,邀请媒体即时参与教育改革第一现场,借助媒体引导正确舆论,遏制不良现象。

邀请媒体记者参与招生录取现场,邀请媒体参与对有偿家教违规办学行为和安全隐患等的排查。

……

这些和媒体、舆论良好的互动行为,已成为潍坊教育改革的新常态。

2008年4月25日,时任潍坊市委书记张新起在教育惠民服务中心筹备成立阶段批示:教育局工作正在转型和提升,难能可贵,必有实效,其他部门要支持并思进。

2008年7月1日,张新起书记批示:有益的探索,望再接再厉,继续努力。

2008年7月14日,张新起书记批示:以学生成长需要为目标,就会不断创新教育工作。

2008年10月30日,张新起书记批示:

政府要转型为服务型政府,教育也要为受教育者服务,服务要体现以人为本均等化,这个方向正确,应不断探索和完善,建议与城乡社区平台结合起来开展面对面教育服务。

2009年4月4日,在中央电视台《新闻联播》报道教育惠民服务中心的做法后,张新起书记批示:可做部门学习实践活动的示范,要求各部门都要有惠民举措,并检查落实。

很大程度上来说,改革就是利益格局的调整,潍坊波澜壮阔的改革历程没遇到大的波折,还得益于善于营造良好的舆论环境。

首先是利用主流媒体及时宣传改革思想和改革成果。思想是行动的先导,思想决定方向。在确定了教育改革的指导思想后,潍坊市总是在党政内参和全国主流媒体上发出自己的声音,而后根据社会反响和领导批示等意见实施行动。

张国华局长在《中国教育报》和《人民日报》发表的《改革职业教育需从基础教育做起》等多篇改革观点的文章,多次得到教育部等有关领导的肯定甚至批示,由此坚定了潍坊深化教育改革的决心。

山东省政协副主席、时任潍坊市委书记许立看完《大众时报》上的全部报道后，专门做出批示：五篇巨作，我都按时看了。有心者，定会受益；聪慧者，会触类旁通，以启发其他方面的改革

在创办潍坊教育惠民服务中心之初，时任潍坊市委书记张新起多次就教育惠民服务中心的做法做出批示。

2012年12月19—24日，《大众日报》用两个头版头条、五个长篇报道近4万字的篇幅，连续五天全面、客观地报道了潍坊市的教育改革做法，在省内外产生重大影响。大众日报社主要负责同志撰写了编者按，第一句话就是"深化教育改革是个'老大难'，潍坊在解决这个'老大难'上破了题"。

中共中央政治局委员、国务委员刘延东，教育部部长袁贵仁等都做出批示，要求在全国推广潍坊教育改革经验。潍坊市"依靠制度创新区域整体推进素质教育"的经验被教育部确定为全国十大教育改革典型之一。

领导的肯定支持、社会的好评，都为助推教育改革发展、提高群众教育满意度积聚了巨大"正能量"。2012年以来，教育部简报先后四次推广潍坊教育改革经验。市级以上新闻媒体报道潍坊教育工作达3200多篇次。

潍坊市还充分利用媒体的影响力和覆盖力，引领全社会确立科学的教育理念。

从2006年开始，潍坊市教育局与潍坊市电视台合办了《成长》栏目，与社会各界一起密切关注学生成长过程中的各类问题；在《潍坊晚报》开辟《亲子成长》专栏，定期刊发家教经验；开办《新教育》周刊，开设《亲子成长》专版和《成长关注》、《芝麻开门》、《成长故事》等栏目。这些面向广大人民群众的栏目，深受学生和家长的欢迎。

潍坊市教育局几乎没有专门从事教育新闻宣传的工作人员，他们委托第三方潍坊创新教育政策研究院创办了《潍坊教育》杂志。通过杂志的平台，潍坊教育的动态被及时地呈现出来、传播出去,《潍坊教育》也被省新闻出版局评为山东省优秀连续性内部资料出版物。

利用媒体和舆论传递的信息发现问题,是潍坊市教育局更为关注的视角。

潍坊市教育局办公室安排专人搜集来自社会各界的舆情信息。通过专门的舆情管理系统,搜集网络和报刊等媒体上的不良教育舆情,及时监控并疏导论坛、贴吧、博客等网络社区内有关学校安全、师德、中小学招生、教师职称改革等敏感、热点问题,正确引导网上舆论。市教育局办公室每天形成《教育舆情信息》呈报局主要领导,为领导决策提供参考和服务。

更为可贵的是,潍坊市教育局还打开家门,主动邀请记者深入学校等一线查找问题。

2012 年秋,市教育局邀请《大众日报》首席记者刘同贵一行深入一线学校,调研当前存在的问题。两个月左右的走、访、

两个教师:取消 3 年内(2013 年 4 月至 2016 年)各类评优评先资格,扣发其 2013 年度绩效工资,2012 至 2013 学年第二学期其师德考核等次被确定为"不合格"。

两个校长:取消 2012 至 2013 学年内参加市级以上评先树优的资格。且 2013 年度校长职级考核不得评为优秀等次。

两个学校:取消 2012 至 2013 学年第二学期学校教职工师德考核"优秀"比例自主确定资格,且优秀人数不得超过教职工总数的 60%;扣减 2013 至 2014 学年内的教学能手、政府教学成果奖 20%名额。

七个教师:取消当事人 3 年内(2013 年 7 月至 2016 年 7 月)各级各类评优评先资格,扣发其 2012 年度绩效工资,2012 至 2013 学年第二学期其师德考核等次直接确定为"不合格"。

辞退代课教师两人。

五个学校及其校长:取消 2012 至 2013 学年第二学期学校教职工师德考核"优秀"比例自主确定资格,取消校长 2012 至 2013 学年内参加市级以上评先树优的资格。

潍坊的教育动态通过网络"晒"出来

问，记者写出几万字的调研报告，其中着重发现了部分学校为了迎接上级检查评估而存在的"造假"现象。据此，潍坊市教育局与潍坊市人民政府教育督导室于 2012 年 11 月 11 日联合下发了《关于改革教育督导内容和方式的通知》，除涉及政府投入改善办学条件的 4 个项目外，原拟开展的所有涉及学校的达标、验收和评优项目一律暂停，并按管、办、评相分离的原则进行清理。最终，在 2012 年的教育综合督导中就果断取消和暂停了一批诸如"语言文字规范化示范校、科技创新示范校"等涉及基层学校的达标验收项目，并改革了教育督导内容和方式方法，切实减轻了基层学校负担，营造了宽松的教育发展环境。

针对有偿家教等不规范办学行为问题，潍坊市邀请媒体记者联合执法检查，及时发现和报道负面典型，营造了违规办学可耻的氛围。

以媒体的力量来监督促进教育公平公正，这是潍坊教育改革的显著特点。

2010 年以来，潍坊市坚持中小学网上"晒"课表制度，要求全市所有中小学课程表全部在网上公开，接受社会监督。对于孩子每天在校上什么课、几点钟开展体育运动，家长可随时登录教育局或学校网站查询监督。课程表上网公示目的是要给学生"减负"，借助舆论力量监督学校不得随意增减课程和课时。

潍坊的中考改革等敏感事件也全部通过广播、电视、报纸、网络等媒体公之于众，接受社会的监督。

为保证"特殊才能"考生选拔的公正性和"透明度"，潍坊一中除了邀请纪委、考生原所在初中学校的代表、家长代表外，还邀请电视台等媒体到面试现场监督。评委由特邀的权威专家组成，当场打分、亮分，确保公开、公平、公正。获得"特殊才能"证书的考生，一律网上公示。目睹了考试的全过程，那些自家孩子没通过考试的家长也口服心服。三年下来，潍坊一中共录取了 33 名"特殊才能"考生，没有任何人提出疑义。

在潍坊，媒体记者不仅是潍坊教育的监督者、宣传者，还成了教育改革的直接参与者和推动者。

综上所述，坚持走群众路线，凝聚社会各界力量参与教育变革，是潍坊教育改革的压舱石。正如中国教育学会原会长顾明远所说："纵观潍坊市近 10 年教育改革路径，不难发现，他们的每一项改革，都是真正从群众的根本利益和诉求出发，真正体现了以人为本。他们敢于碰触教育普遍存在又难以突破的棘手问题，敢于蹚教育改革的深水区，并且采取了'从群众中来，到群众中去'的'上下联动、整体推进'策略，使改革具有根本性、长远性、实效性和可行性，从而得到群众的真心拥护和支持。"

后 记

《潍坊教育解密丛书》终于要付梓了！

这是潍坊教育改革者们十多年探索的智慧结晶，也是教育部基础教育课程教材发展中心、潍坊市教育局、当代教育家研究院、当代教育家杂志社等多家单位通力合作的成果。这部丛书，不仅凝结着教育改革者的智慧，而且凝聚着方方面面的教育理想主义者共同的努力、探索、希望和情怀。

一个人可以走得很快，一群人可以走得很远。这一部丛书，就是一群人走向远方的一个个脚印。我们不敢自诩走了多远，但我们希望自己的脚印是沙漠中通向绿洲的路标，是黑夜里预示黎明的灯盏，是后来者继续攀登教育高峰的台阶。正因此，我们愿意将一个区域的探索全景式、图文式毫无保留地呈现在您的面前，接受您的审阅和指正。

本丛书的撰写历时两年，在此过程中，教育部基础教育课程教材发展中心始终给予高端的专业指导和价值引领，潍坊市教育局始终及时、准确地提供各类丰富的资料和素材，当代教育家研究院则对丛书的文字与结构进行了全面的梳理和提炼，教育科学出版社为全书最终的呈现形式提供了专业的意见并将之出版。

下面这些同志，分别参与了各分册的编写工作：

《潍坊九问——破解潍坊教育密码》：李振村、朱文君、陈金铭、宗守泳、吴松超、王清林。

《引领百万学生健康成长——新中考改革解读》：曹红旗、杜晓敏、魏延阁、陈启德、刘敏英、李元昌、王树青、孟祥池、张莘莘。

《走在专家办学路上——校长职级制改革解读》：胡筱芹、焦天民、井光进、史祥华、徐媛媛、单既玉、沈万柱、刘仕永、王宝刚、郝建强。

《用课程改变教育——潍坊新课程改革解读》：侯宗凯、崔秀梅、李秀伟、于宏、孙俊勇、姚来祥、王金星、高源、孙云霄。

《教育服务新形态——教育惠民服务中心解读》：郭治平、马全铭、韩金绶、王清林、赵徽、郑明星、童双梅、金琰、魏建欣、解世国、刘天铎、李善峰、于起超、陈昕、李晓丽。

《为教育前行保驾护航——教育督导制度创新解读》：韩光福、王新、马廷福、高彦霞、刘健、魏延阁、贾玉德、李静、武际成、李志伟。

没有这些同志的团结协作，就没有这部丛书的问世。

每一本书从它完稿的那一刻开始，就有了自己的命运，它将与一个个事先不曾谋面的您相遇。

这部丛书，一共六本，就像我们悉心养育的女儿，如今将要与您见面，我们有一份"画眉深浅入时无"的忐忑，更有一份和您"一见倾心"的期待。六本书，环肥燕瘦，相信总有一本能够让您思想上有些许触动。而思想是行动的先导，如果因这小小的触动引发您进一步的实践探索，那么，这部丛书漫长的孕育过程也就有了特别的价值。

出 版 人　所广一
项目统筹　刘　灿　欧阳国焰
责任编辑　代周阳　郑　莉
版式设计　壹原视觉　陈宁宁　吕　娟
责任校对　贾静芳
责任印制　叶小峰

图书在版编目（CIP）数据

教育服务新形态：教育惠民服务中心解读 / 教育部
基础教育课程教材发展中心编 . —北京：教育科学出版
社，2015.9
　（潍坊教育解密丛书 / 田慧生主编）
　ISBN 978-7-5041-9853-2

　Ⅰ . ①教… Ⅱ . ①教… Ⅲ . ①教育研究—中国 Ⅳ .
① G52

中国版本图书馆 CIP 数据核字（2015）第 200828 号

潍坊教育解密丛书
教育服务新形态——教育惠民服务中心解读
JIAOYU FUWU XIN XINGTAI——JIAOYU HUIMIN FUWU ZHONGXIN JIEDU

出版发行	**教育科学出版社**				
社　　址	北京·朝阳区安慧北里安园甲 9 号		市场部电话	010-64989009	
邮　　编	100101		编辑部电话	010-64989422	
传　　真	010-64891796		网　　址	http://www.esph.com.cn	
经　　销	各地新华书店				
制　　作	壹原视觉				
印　　刷	保定市中画美凯印刷有限公司				
开　　本	210 毫米 × 270 毫米　16 开		印　　次	2015 年 9 月第 1 次	
印　　张	11		版　　次	2015 年 9 月第 1 版印刷	
字　　数	167 千		定　　价	35.00 元	

如有印装质量问题，请到所购图书销售部门联系调换。